AMOR PELAS
COISAS
IMPERFEITAS

AMOR PELAS COISAS IMPERFEITAS

HAEMIN SUNIM

Título original: *Love for imperfect things*

Copyright © 2016 por Haemin Sunim
Copyright da tradução © 2019 por GMT Editores Ltda.
Publicado mediante acordo com Penguin Books, um selo do Penguin Publishing Group, uma divisão da Penguin Random House LLC.

Todos os direitos reservados. Nenhuma parte deste livro pode ser utilizada ou reproduzida sob quaisquer meios existentes sem autorização por escrito dos editores.

tradução: Rafaella Lemos
preparo de originais: Raphani Margiotta
revisão: Livia Cabrini e Taís Monteiro
capa: Nayon Cho e Roseanne Serra
adaptação de capa: Ana Paula Daudt Brandão
projeto gráfico: Katy Riegel
diagramação: Gustavo Cardozo
imagem de capa e ilustrações de miolo: Lisk Feng
impressão e acabamento: Geográfica e Editora Ltda.

CIP-BRASIL. CATALOGAÇÃO NA PUBLICAÇÃO
SINDICATO NACIONAL DOS EDITORES DE LIVROS, RJ

S955a   Sunim, Haemin
          Amor pelas coisas imperfeitas/ Haemin Sunim; tradução de Rafaella Lemos. Rio de Janeiro: Sextante, 2019.
          288 p.: il.; 13 x 18 cm.

          Tradução de: Love for imperfect things
          ISBN 978-85-431-0722-6

          1. Teoria do autoconhecimento. 2. Amor. 3. Conduta. 4. Autorrealização. I. Lemos, Rafaella. II. Título.

19-54853   CDD: 158.1
                                                                                   CDU: 159.923

Todos os direitos reservados, no Brasil, por
GMT Editores Ltda.
Rua Voluntários da Pátria, 45 – Gr. 1.404 – Botafogo
22270-000 – Rio de Janeiro – RJ
Tel.: (21) 2538-4100 – Fax: (21) 2286-9244
E-mail: atendimento@sextante.com.br
www.sextante.com.br

SUMÁRIO

Prólogo   9

Capítulo Um – Autocuidado

Não seja bonzinho demais   15
A sua existência já é o bastante   31

Capítulo Dois – Família

"Por favor, cuide da mamãe"   49
Como entender nosso pai   64

Capítulo Três – Empatia

O poder do abraço   82
Ouvir é um ato de amor   97

Capítulo Quatro – Relacionamentos

Num retiro zen   113
Como lidar com a decepção   131

Capítulo Cinco – Coragem

Para meus queridos amigos jovens 151
O primeiro fracasso 167

Capítulo Seis – Cura

Quando perdoar é difícil 185
"Haemin, estou um pouco deprimido" 203

Capítulo Sete – Iluminação

O verdadeiro lar da mente 223
A minha jornada espiritual 237

Capítulo Oito – Aceitação

A arte de deixar para lá 257
Lições de um momento difícil na vida 272

A verdadeira liberdade é não ter ansiedade
quanto à imperfeição.

– Sengchan, mestre zen do século VI

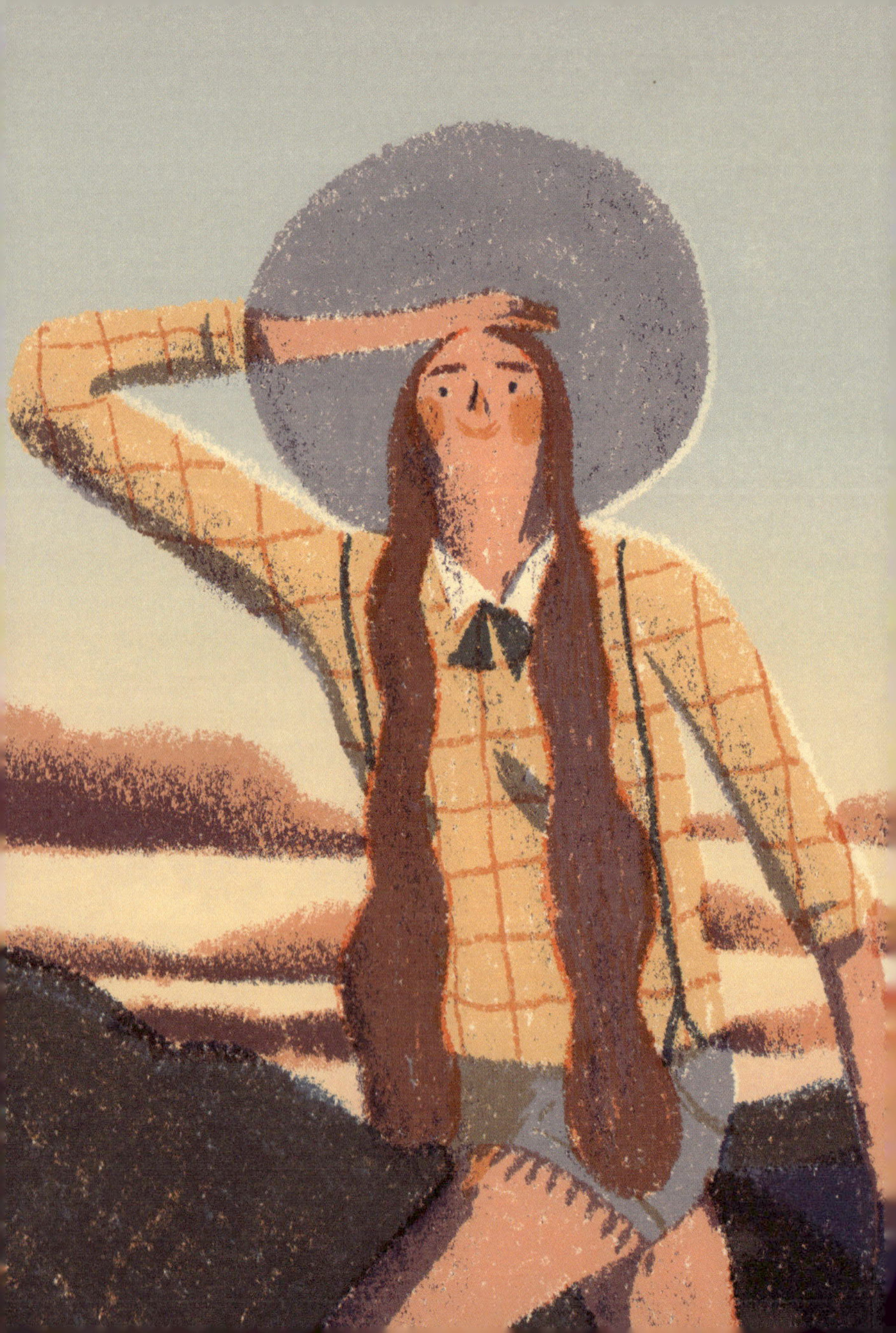

PRÓLOGO

Às vezes deparamos com um filme que fica na nossa cabeça durante muito tempo. Para mim, esse filme foi *Nada é para sempre*. Ambientado no início do século XX, com o lindo cenário de Montana como pano de fundo, ele conta a história da família Maclean, que via a pesca como uma religião. O pai é um ministro presbiteriano que tem dois filhos. O mais velho, Norman, tem a vida estabilizada e se torna professor universitário. O mais novo, Paul, leva uma vida de devassidão e trabalha como repórter para um jornal local; seu vício no jogo o leva a contrair uma enorme dívida e, por fim, ele é espancado até a morte num beco. O pai, consumido pela profunda dor da perda, fala à congregação no culto de domingo, tentando conter a emoção, e revela seu amor pelo segundo filho. "Podemos amar completamente", diz ele, "mesmo sem entender por completo."

Para o pai, era difícil entender por que o filho precisava levar uma vida desregrada. No entanto, isso não o impediu de amá-lo – porque, para ele, o amor transcende a compreensão humana. Em vez de amar apenas quando entendemos o que amamos, o tipo de amor profundo e duradouro demonstrado pelo pai não deixa de existir quando quem amamos tem um comportamento com o qual não concordamos. Conforme sugere o título original do filme, *A River Runs Through It*, nas profundezas do coração o amor sempre flui, como um rio.

QUANDO EXAMINAMOS A NOSSA VIDA, vemos muitas imperfeições, como partículas de poeira num espelho. Existem várias coisas que nos deixam insatisfeitos e infelizes: com frequência nossas palavras não correspondem a nossas ações, nossos relacionamentos são colocados à prova por nossos erros, nossos melhores planos para o futuro não saem como esperávamos. E ainda por cima, ao longo da vida, ferimos uns aos outros várias vezes, intencionalmente ou não, o que gera culpa e arrependimento em nós.

Isso, porém, também acontece com nossos familiares e amigos. A criança que não escuta o que os pais lhe dizem; seus pais que não entendem você; seu companheiro ou companheira que não se comporta de maneira sensata. Amigos íntimos com hábitos pouco saudáveis que o fazem se preocupar com o bem-estar deles. Todo dia, quando assistimos ao noticiário, vemos que o planeta está repleto de mais conflitos, mais acidentes, mais discórdia. Parece que nunca acaba.

E mesmo assim, embora haja tantas coisas imperfeitas no mundo em que vivemos, não conseguimos deixar de amá-las. Porque a vida é preciosa demais para ser desperdiçada ridicularizando e odiando o que não nos agrada, o que não entendemos. À medida que amadurecemos em termos espirituais, naturalmente desenvolvemos mais empatia e buscamos ver as coisas da perspectiva dos outros. Isso, por sua vez, nos ensina a aceitar as imperfeições deles e as nossas de uma forma mais amável e compassiva, do mesmo modo que uma mãe ama o filho incondicionalmente.

Esta é uma coletânea das minhas reflexões sobre aprender a enxergar o mundo e a mim mesmo de maneira mais compassiva. Fui inspirado pelas pessoas que compartilharam suas histórias de vida comigo e pelas perguntas que me fizeram em palestras e nas redes sociais. Elas abriram meu coração e aprofundaram minha sabedoria. Espero que este livro seja para você um ombro amigo nos momentos de desespero e que lhe traga paz nas horas de dificuldade.

– HAEMIN SUNIM
Escola dos corações partidos, Seul

Capítulo Um

AUTOCUIDADO

Quando nos tornamos mais gentis
com nós mesmos, podemos nos tornar
mais gentis com o mundo.

NÃO SEJA BONZINHO DEMAIS

Você era uma daquelas crianças que ganhavam elogios por ser "um bom menino" ou "uma boa menina"? E então passou a se esforçar muito para ser bonzinho ou boazinha, sempre concordando com pais, professores e parentes mais velhos? Mesmo que às vezes fosse difícil, aprendeu a não reclamar e aguentar as coisas em silêncio? E agora que chegou à idade adulta, ainda sente que tem a responsabilidade de agradar as outras pessoas? Você faz um esforço constante para não incomodar nem ser um peso para os demais? E quando alguém dificulta as coisas, você tenta apenas ignorar ou tolerar, porque não é da sua natureza fazer ou dizer algo que possa magoar o outro ou deixá-lo desconfortável?

Conheci muitas pessoas boas que sofrem de depressão, crises de pânico e outros transtornos emocionais por causa de dificuldades nos relacionamentos interpessoais. Elas costumam ser delicadas, bem-educadas e solícitas.

São do tipo que se sacrifica e com frequência coloca os desejos dos demais à frente dos próprios. E por que, eu me perguntei, pessoas tão boas acabam se tornando vítimas do sofrimento mental e emocional?

Eu também era introvertido e tímido quando criança e, portanto, sempre ganhava elogios por ser "bonzinho". Um bom filho, que não dava trabalho aos pais, um bom aluno, que prestava atenção nos professores – tudo isso me ensinou que era positivo ser bonzinho. Mas quando fui para a faculdade, comecei a achar que devia haver algo de errado em ser sempre bonzinho. Nos trabalhos em grupo com colegas que eram mais espertos que eu, que tinham a personalidade mais forte, descobri que as tarefas que ninguém queria fazer sempre caíam para mim. Eu continuava dizendo a mim mesmo que era bom fazer o bem, mas à medida que o tempo foi passando isso começou a me estressar muito. Quando abri meu coração e tive uma conversa franca com um amigo mais velho que estudava comigo, ele me deu o seguinte conselho: "Seja bonzinho com você mesmo primeiro, depois com os outros."

Foi como ser atingido por um raio. Até aquele ponto, eu só me preocupava com o que as outras pessoas pensavam a meu respeito. Nunca havia pensado direito sobre cuidar de mim ou amar a mim mesmo.

Quando dizemos que alguém é "bonzinho", em geral significa que a pessoa age de acordo com a vontade dos outros e não é assertiva. Em outras palavras, aqueles que são hábeis em reprimir os próprios desejos para ceder aos dos outros são os que chamamos de "bonzinhos". Se alguém sempre escuta o que digo e segue os meus conselhos, é natural que eu o considere uma boa pessoa e goste dele. Parece então que "bonzinho" às vezes se refere a quem pensa demais nos outros e por isso não é capaz de expressar a própria vontade.

Apesar de não ser sempre o caso, podemos ver um padrão específico no nosso relacionamento com quem quer que nos tenha criado quando criança. Muitas pessoas que se anulam dessa maneira cresceram com um pai dominante ou uma mãe de personalidade forte, ou eram o irmão do meio, que recebia relativamente menos atenção, e isso despertou nelas um intenso desejo de ganhar o reconhecimento dos pais obedecendo-lhes em tudo. Em alguns casos, quando o relacionamento entre os adultos não era bom ou a dinâmica familiar era de alguma forma estranha, havia aqueles que assumiam a tarefa de fazer os pais felizes sendo "bonzinhos".

Mas o problema é que, ao viver de acordo com as exigências dos outros, inadvertidamente negligenciamos nossos próprios desejos e necessidades. Se na infância você era indiferente aos próprios sentimentos, minimizando-

-os ou não os considerando importantes, depois de adulto você não será capaz de dizer o que quer fazer nem de mostrar quem é como pessoa. Então, quando se deparar com alguém que o tratar mal ou dificultar as coisas para você, não saberá expressar direito os próprios sentimentos e acabará deixando presa dentro de você a raiva que deveria ser direcionada a quem a causou. E, assim, terminará atacando a si mesmo. "Por que sou tão idiota que não consigo expressar o que estou sentido nem consigo falar com franqueza?"

Acima de tudo, por favor, lembre-se de que: o que você está sentindo não deve ser ignorado, pois é muito significativo. Os sentimentos aí dentro não desaparecem só porque você decidiu reprimi-los ou ignorá-los. Muitos problemas psicológicos surgem quando a repressão se torna um hábito e a energia dessas emoções não consegue encontrar uma válvula de escape saudável. Assim como a água estagnada se torna fétida e tóxica, isso também acontece com as suas emoções.

Mas não é tarde demais. A partir de agora, antes de concordar com o que os outros querem fazer, por favor escute a voz aí dentro dizendo o que você quer de verdade. Mesmo quando se sentir esmagado por exigências constantes, se de fato não quiser fazer alguma coisa, não tente se obrigar, esgotando-se a ponto de não conseguir mais lidar com a situação. Em vez disso, tente exprimir em palavras o que você está sentindo para que os outros possam entendê-lo. Não tenha medo de que, ao se expressar, eles deixem de gostar de você ou vá desgastar a relação. Se eles soubessem o que você sente de verdade, provavelmente nem teriam feito tais exigências.

Mesmo quando todo mundo diz "Vamos tomar um café", se você quer um suco, está tudo bem em dizer: "Prefiro suco." É positivo ser bonzinho com os outros, mas não esqueça que você tem a responsabilidade de ser bonzinho consigo mesmo primeiro.

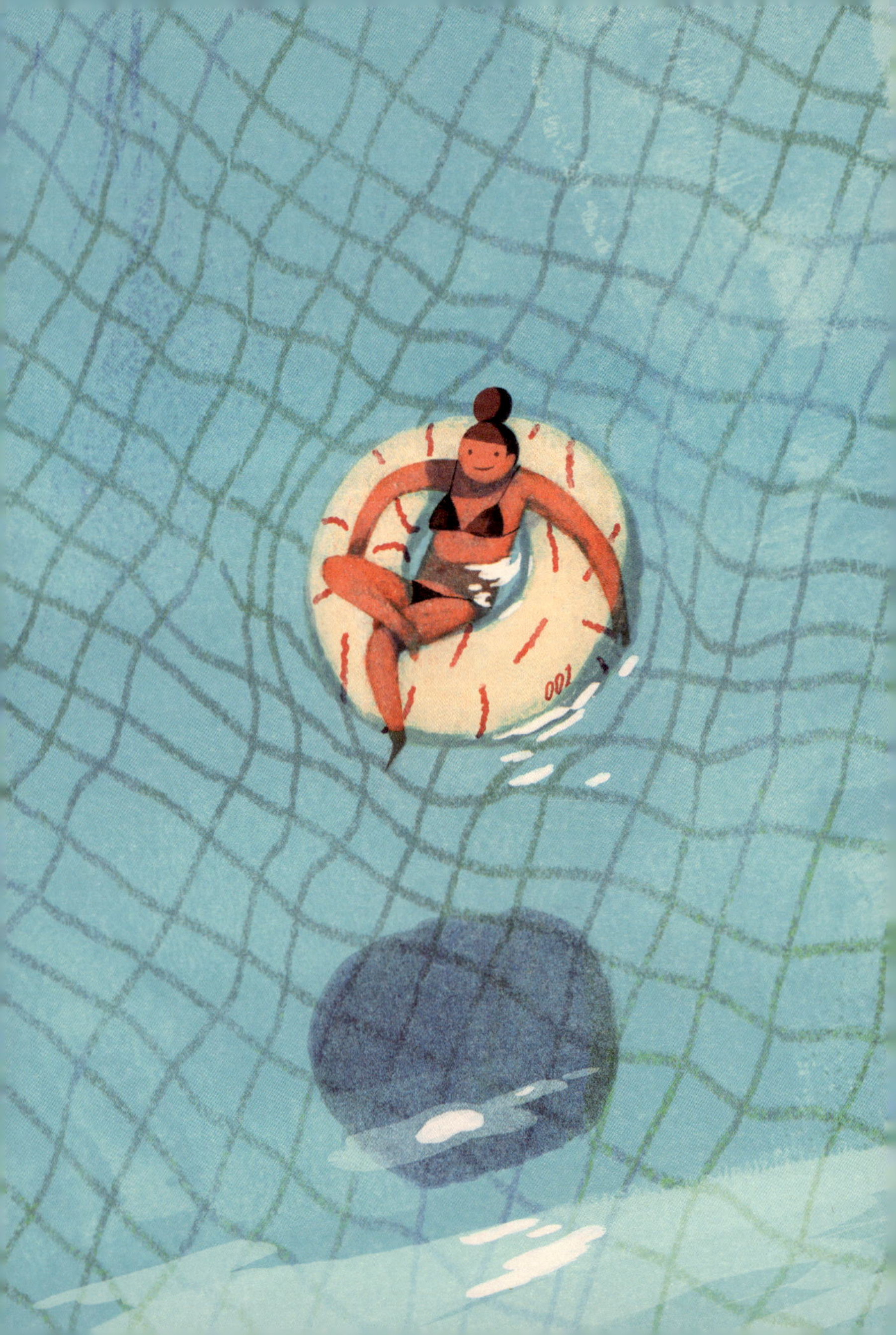
001

✳

Aprenda a expressar o que você está sentindo
sem sofrer por isso.
Essa é uma habilidade tão importante quanto
aprender a ler. Sem ela,
a insatisfação se acumula, as discussões começam
e os relacionamentos podem explodir como um vulcão.

✳

Você se sente frustrado
por ter que fazer tudo sozinho?
Se é assim, não engula o sentimento; fale o que pensa:
"Para mim é difícil fazer tudo sozinho.
Será que você poderia me ajudar?"
Pouco a pouco, expressar seus sentimentos
vai se tornando mais fácil.

✳

Quando alguém lhe pedir um favor,
não se esqueça de que você tem a opção de dizer,
"Sinto muito mesmo, mas não posso fazer isso."
Você não tem a obrigação de se comprometer
com uma tarefa que será um grande fardo.
E se o relacionamento se desgastar
por você não fazer o favor,
ele nunca foi bom para começo de conversa.

✳

Assim como num avião
mandam você colocar
a máscara de emergência na criança
só depois de ter colocado a sua,
não há nada de egoísta em cuidar primeiro de si.
Apenas se estiver feliz você vai poder
fazer as pessoas ao seu redor felizes também.

✳

Quando você cuidar de si mesmo primeiro,
o mundo também vai considerá-lo digno de cuidado.

✳

Da mesma forma que quando está apaixonado você
quer passar todo o tempo apenas com aquela pessoa,
tente passar algum tempo com você mesmo –
você merece cuidado e atenção.
Dê a si mesmo uma refeição deliciosa,
um bom livro, uma caminhada com uma vista adorável.
Assim como investe na pessoa que ama,
você deveria investir em si mesmo.

✹

Meu querido amigo,
como existe uma parte em você
que é imperfeita ou danificada,
ela pode motivá-lo a trabalhar duro
para superá-la e, mais cedo ou mais tarde,
isso pode lhe trazer sucesso na vida.
Também pode ajudá-lo a se identificar
com os outros e se tornar mais compassivo.
Não se desespere com o que há de imperfeito em você.
Em vez disso, olhe para seus defeitos com amor.

✹

Está tudo bem em ter defeitos.
Como nossas vidas poderiam ser impecáveis
feito uma folha de papel em branco?
A vida naturalmente cobra um preço
do nosso corpo, da nossa mente e dos nossos
relacionamentos.
Em vez de escolher levar uma vida em que
não faz nada por medo de errar,
escolha uma em que se aperfeiçoe com o fracasso e a dor.
E grite bem alto para si mesmo e a sua luta:
"Eu te amo demais!"

✷

No coração, todos nós carregamos segredos
que não achamos fácil compartilhar com os outros.
Podem ser problemas de saúde, de dinheiro,
com a sexualidade, nos relacionamentos ou na família.
Eles evocam uma profunda sensação
de inferioridade, vergonha, ansiedade ou culpa.
Mas, pelo peso dos segredos,
nos tornamos mais humildes e compreensivos.
Não julgue as pessoas com base na aparência,
pois elas podem ter dificuldades que
ninguém consegue ver.

✷

Você já sentiu inveja
vendo, nas redes sociais, como os seus amigos
estão curtindo a vida?
Um dos nossos maiores erros é
comparar o que sentimos por dentro
com o que nossos amigos demonstram por fora.
Não sabemos o que está acontecendo dentro deles,
mas sabemos muito bem o que está acontecendo
dentro da gente.
Os seus amigos podem estar invejando
você com base nas
suas postagens nas redes sociais,
sem saber o que de fato está acontecendo na sua vida.

*

Já teve uma sensação de inferioridade
por causa de uma prima que está melhor de vida que você?
Ela pode ser mais inteligente, frequentar uma
escola melhor,
trabalhar numa empresa mais legal. Mas lembre que
nenhum de nós sabe como nossa vida
vai ficar no final.
Apesar de escola e trabalho serem possíveis
parâmetros de sucesso,
à medida que você envelhece isso vai se tornando
menos importante.
O verdadeiro vencedor é aquele que está feliz com
a vida que tem.

✷

Você pode não ser atraente
não por falta de qualidades para atrair,
mas por achar que não as tem e parecer muito
pouco à vontade na própria pele.
Mesmo que tenha poucas qualidades atraentes,
se for confiante e estiver à vontade consigo mesmo,
não terá esse problema.
Lembre-se de que a qualidade que mais atrai
é a autoconfiança.

✳

Está tudo bem em não chegar
em primeiro, em segundo ou mesmo em terceiro.
Compare-se não com os outros,
mas com quem você era antes.
Aprecie-se por ter feito um esforço sincero.
E continue a acreditar em si mesmo.

✳

Se continuar permitindo que as críticas o aborreçam,
você vai murchar aos poucos e,
por fim, não será capaz de fazer mais nada.
E é exatamente por isso que os seus críticos
estão torcendo.
Não deixe que aqueles que o criticam
determinem o seu destino.
Toda vez que o criticarem, fale mais alto:
"Não importa o que vocês digam, não vou desistir.
No fim, vamos ver quem está certo."

✳

"Por que sua vida deveria ser destruída
pela crítica leviana daqueles
que não o conhecem nem gostam de você?"
– Hong Seok-cheon,
a primeira celebridade
abertamente gay da Coreia

※

Se começar a acreditar no que os outros dizem sobre você,
eles vão começar a controlá-lo.
Nem tudo que surge na sua mente é verdade.
Não deixe a opinião de outra pessoa governar a sua vida.

※

"Se ouvir uma voz dentro de si dizendo
'Você não é capaz de pintar',
pinte a qualquer custo
e essa voz será silenciada."
– Vincent van Gogh

※

Somos dignos de amor
não pelas coisas em que somos bons,
mas por sermos seres vivos preciosos.
Mesmo que não alcance
a perfeição que o mundo exige,
a sua mera existência já tem valor
e é digna de amor.

✺

Na Índia, "Namastê" é uma saudação
comum, como "Olá".
Mas "Namastê" tem um lindo significado:
"O ser divino em mim
reverencia o ser divino em você."
Somos muito maiores e mais sagrados do que pensamos.

Não pense que você só merece ser amado
quando é bem-sucedido naquilo que o
mundo exige.
Você já é digno de amor.

A SUA EXISTÊNCIA JÁ É O BASTANTE

Para minha alegria, vários grupos budistas da Nova Zelândia e da Austrália me convidaram para dar palestras sobre o darma. Então, pela primeira vez na vida, cruzei o equador e voei para Auckland e Sydney. Mesmo sendo distante de Seul, eu tinha grande expectativa, pois essa viagem também me daria a chance de visitar meu melhor amigo da época da universidade, que havia estudado comigo nos Estados Unidos. Ele voltara para a Austrália depois de terminar o doutorado e se tornara professor. Já fazia mais de dez anos desde que eu tinha prometido visitá-lo. E toda vez que via seu cartão de Natal, que chegava sem falta a cada fim de ano, eu me lembrava da promessa que ainda não havia conseguido cumprir. Agora que a oportunidade aparecera, eu estava ansioso para revê-lo.

No outro lado do equador, o clima estava o oposto do da Coreia. A temperatura no dia da minha palestra era de 32º Celsius. Aprendi que, no hemisfério sul, se você quiser uma casa que tome muito sol, deve escolher uma que esteja virada para o norte. Também descobri que os rios tendem a correr para o norte, não para o sul, e que, no céu noturno, o Cruzeiro do Sul toma o lugar da Ursa Maior. Apesar de serem literalmente o extremo oposto do lugar onde eu morava, a Nova Zelândia e a Austrália não pareciam tão estrangeiras como seria de esperar, em especial as pessoas de lá. Conhecendo bem a vida solitária e agitada nas cidades modernas, senti-me honrado por poder oferecer algumas palavras de conforto e sabedoria.

Quando as palestras terminaram, dirigi-me para a casa do meu amigo. Toquei a campainha e ele abriu a porta com um grande sorriso no rosto. Nós demos um aperto de mãos e nos abraçamos, como se fôssemos familiares há muito tempo separados pela Guerra da Coreia. Apesar de terem se passado dez anos, ele estava com quase a mesma aparência – tirando o cabelo, que havia afinado ligeiramente, e seu corpo, que ficara um pouco mais cheio. Ele estava extrovertido e caloroso como sempre e, como eu também conhecia sua esposa da época da faculdade – Jane –, fiquei à vontade na companhia deles.

Após o jantar, tomamos chá na varanda enquanto o sol se punha e demos risada sobre o fato de já termos chegado à meia-idade. Ainda tínhamos aquele coração de estudante; não dava para acreditar que tínhamos mais de 40 anos. Como velhos amigos, estávamos muito à vontade e revelamos nossos sentimentos mais íntimos livremente. Velhos amigos não têm necessidade de tentar parecer o que não são; você os aceita como são e compartilha seu verdadeiro eu com eles. Ele era um grande amigo. E me contou tudo que havia acontecido ao longo da última década, até chegar às suas preocupações recentes.

Eu lembrava que ele sempre fora ansioso, mesmo quando não havia nenhuma razão específica para isso. Ele me contou que a ansiedade tinha piorado recentemente e que, para mantê-la sob controle, vinha trabalhando muito. Jane estava preocupada, pois sua saúde não iria aguentar se ele continuasse assim. Ele trabalhava ao computador todas as noites, até depois da meia-noite; raramente tinha uma boa noite de sono e estava sempre ocupado. Claro que seu empenho havia resultado num grande reconhecimento no mundo acadêmico e numa rápida promoção na universidade, mas ele não apenas não conseguia parar de trabalhar como também ficava dominado pela ansiedade quando não havia nada a fazer.

A noite caíra e estava frio do lado de fora. Entramos em casa para evitar os mosquitos e nos sentamos no sofá. Meu amigo colocou uma música calma e se serviu uma taça de vinho. Ele me contou que teve uma infância difícil. Aos olhos do mundo, seu pai conquistara o sucesso, mas descontava seu estresse na família. Ele se transformava numa pessoa diferente e ficava violento quando bebia.

Chegava a bater no filho. Então meu amigo estava sempre pisando em ovos em casa. Quando o pai estava naquele estado, sua mãe saía para evitá-lo e, na ausência dela, meu amigo tinha que tomar conta dos irmãos menores, fingindo, para tranquilizá-los, que tudo não passava de uma brincadeira. Assim ele foi ficando cada vez mais nervoso, sem nunca saber quando o pai iria beber e explodir.

Ao refletir sobre como as coisas tinham sido para meu amigo quando ele era pequeno, tive um palpite sobre a origem da sua ansiedade e do seu vício pelo trabalho. Tentando ajudá-lo, falei com cuidado:

– Como a situação de cada um é diferente, é difícil tirar qualquer conclusão definitiva, mas uma das causas conhecidas para o vício em trabalho é crescer sentindo que não merecemos a atenção dos nossos pais, a menos que façamos alguma coisa grandiosa, e não que somos amados e cuidados incondicionalmente. Isso também costuma acontecer com filhos de pais bem-sucedidos que estão sempre muito ocupados e demonstram pouco interesse na vida deles. Para ganhar a atenção dos pais, essas crianças sofrem uma pressão constante para agradá-los. Do contrário, elas não se sentem amadas e suas ações são desprovidas de significado. No seu caso, faz sentido que você tenha desenvolvido essa ansiedade diante da violência do seu pai quando ele bebia. Deve ter sido muito difícil, sem sua mãe para protegê-lo. Sem saber quando seu pai poderia explodir, você deve ter pensado que a única maneira de evitar isso era fazendo tudo que ele queria, e tudo certinho. Agora, depois de adulto, seu pai não está mais aqui. No entanto, são as exigências do mundo, e não mais as dele, que o estão deixando ansioso. Como se, caso não faça tudo que lhe pedem, e do jeito certo, sua existência não tivesse sentido nem valor.

Meu amigo assentiu, parecendo concordar com o que eu disse. Então continuei:

– Mas a verdade é que você já é digno de amor. Você não precisa aceitar todas as exigências da sociedade e viver de acordo com as expectativas dela para se convencer do seu próprio valor. Você já é um ser precioso que merece ser amado e cuidado. Olhe para dentro e veja se consegue encontrar sua criança interior, ainda tremendo de ansiedade por causa do pai. Envie a energia do amor universal para ela e olhe-a com compaixão. Como deve ter sido difícil lidar sozinho com a fúria do seu pai, tentando proteger seus irmãos, sem sua mãe para ajudá-lo...

A essa altura, tanto meu amigo quanto eu estávamos aos prantos. Ele fechou os olhos por um momento e disse calmamente:

– Você tem razão. Ainda há uma criancinha dentro de mim, tremendo de ansiedade, incapaz de ser amada. E ela está me implorando que não a ignore mais. Passei todo este tempo preocupado demais com a opinião dos outros, enquanto reprimia a ferida interior do passado. Preciso acreditar que sou digno de amor por quem sou.

QUANDO ESTAVA SAINDO da casa dele alguns dias depois, deixei um breve bilhete para meu amigo:

> Quando estávamos na faculdade, você era como um irmão mais velho para mim. Você me ajudou a superar muitas crises e não sabe quanto sou grato, até hoje, quando penso em seu coração bondoso. Então, em nome da bondade, por favor, lembre-se: mesmo que não conquiste nada grandioso ou significativo, para mim, a sua mera existência já é o bastante.

O espírito sagrado que habita em mim saúda o espírito sagrado que habita em você.

✳

Não deixe que o seu passado difícil
defina quem você é hoje.
Se fizer isso, vai viver a vida inteira
como vítima do passado.
Há uma força vital dentro de você
esperando para decolar do solo do passado.
Por favor, confie nessa força de renovação.
Curve-se com respeito ao seu passado e proclame:
"A partir de agora, decidi ser um pouco mais feliz!"

✳

Se alguém é incapaz de pensar para além de si mesmo,
pode ser por não ter recebido amor suficiente
durante a infância.
Como pensou que o mundo era frio e indiferente,
precisou ser autocentrado para cuidar de si mesmo.
Se existe uma pessoa egoísta na sua vida
que dificulta as coisas para você,
olhe fundo na dor dela
e tente entender por que ela é assim.

✳

Se examinarmos o que nos motiva,
veremos que, mesmo depois de adultos,
queremos ter o reconhecimento das outras pessoas
e que muito do que fazemos
vem desse desejo por reconhecimento.
Encha seu filho de atenção
e faça-o se sentir seguro no seu amor.
Assim, ele não vai crescer sedento
pelo reconhecimento dos outros.

✳

Se um dos seus filhos sentir ciúme
do irmão ou da irmã,
leve-o para uma viagem, mesmo que curta,
só vocês dois.
Se não for possível viajar, passe o dia inteiro
apenas com ele.
Comam algo delicioso juntos,
brinquem num parque. Escute-o.
Se as crianças não recebem atenção suficiente,
problemas psicológicos costumam surgir.
Os pais podem evitar que isso aconteça quando
os filhos ainda são pequenos e receptivos.

✳

De vez em quando, permita-se um pequeno luxo.
Seja comprando lindas flores para a mesa de jantar,
uma fatia de alguma torta deliciosa com café,
um cobertor macio e quentinho –
pequenos luxos podem animar a sua vida.

※

O faqueiro bonito, o chá, o vinho, as roupas,
a caneta, a colcha
que você está guardando para uma ocasião especial –
use-os sempre que tiver a chance.
Momentos especiais não estão separados
da vida cotidiana.
Quando você usa algo especial,
isso torna o momento especial.

✴

Você às vezes sente que
uma coisa pequena pode lhe trazer muita alegria?
Eu me sinto assim quando vejo
pimentões amarelos e laranja.
Costumo hesitar em comprá-los, pois são
mais caros que os verdes.
Mas amo suas cores,
e, quando decido me dar ao luxo,
eles me fazem muito feliz.
Você sabia que pimentões têm
três vezes mais vitamina C que as laranjas?

✴

Quando gosto de mim mesmo, é fácil gostar das
pessoas à minha volta.
Mas quando estou infeliz comigo,
é fácil ficar infeliz com as pessoas à minha volta.
Que você se torne seu maior fã!

✴

Quando faço uma pequena gentileza aos outros,
sinto que é mais fácil gostar de mim mesmo.
Se você acha que a sua autoestima está lá embaixo,
tente fazer algo legal para um desconhecido.
À medida que começar a gostar de si mesmo,
a sua autoestima vai melhorar.

✳

Mesmo produtos com o rótulo "edição limitada"
são fabricados numa linha de produção junto com
centenas que são exatamente iguais.
Mas só existe um de você no mundo.
Por favor, valorize o indivíduo único que você é.

✳

A cabeça diz:
"Não odeie demais aquela pessoa."
"Perdoe os outros para o seu próprio bem."
"Não inveje o sucesso do seu amigo."
Mas às vezes o coração não escuta.
Nessas ocasiões, experimente fazer uma prece.
A prece ativa o caminho entre a cabeça e o coração.
Humildemente, peça ajuda para o que parece impossível
no momento.

✳

As pessoas às vezes expressam seus anseios
através do ódio.
Se você odeia alguém,
olhe bem para dentro de si.
Qual poderia ser a razão para isso?
Você ainda está apegado àquela pessoa?
Não há oportunidade melhor do que essa
para termos consciência de nós mesmos.
Enviamos foguetes até a Lua,
mas, quando se trata da nossa própria mente,
a coisa mais próxima de nós,
permanecemos completamente
inconscientes e ignorantes.

✳

Embora não devamos ignorar
o que as outras pessoas dizem,
a decisão, no fim das contas, é nossa.
Ao tomar uma decisão,
escute mais seu coração do que as opiniões dos outros.
Uma decisão com base nas opiniões alheias
é aquela de que normalmente acabamos nos
arrependendo.

✳

Há um ditado na Coreia:
"Demorada deliberação costuma levar a
uma terrível decisão."
Se você pensa e se preocupa demais antes
de fazer alguma coisa,
"seu barco vai para a montanha em vez de
ir para o oceano".
Agora e depois é preciso confiar na sua intuição
e continuar na direção que sente ser apropriada.

✳

Quando você tem uma decisão importante a tomar
e não tem certeza do que fazer,
pare por um instante
e ouça o que o seu coração diz.
Faça uma caminhada no parque
ou uma viagem curta a algum lugar bonito,
ou encontre um amigo em quem você confia
e converse sobre o que você anda pensando.
Seu coração é muito mais sábio que sua mente –
ele já sabe a resposta.

✳

Quando a sua cabeça acha que "sim" é a resposta correta,
e mesmo assim alguma coisa não parece muito certa,
espere um pouco mais
e não dê ainda a palavra final.
Há momentos em que a intuição acerta o alvo
e o pensamento racional, não.
Se você se permitir um tempinho para descobrir
por que está hesitando,
o motivo logo se tornará claro.

✳

Todo mundo precisa de um tempo sozinho.
Quando você passa o dia inteiro no trabalho
sendo atormentado pelos outros e volta para casa
para descobrir que a sua família não vai deixá-lo em paz,
pode facilmente ficar irritado e zangado.
Em vez disso, tire algum tempo para você: pare
na livraria, no café ou no templo de que mais gosta.
Faça uma caminhada sozinho e escute
suas músicas favoritas.
Estar só faz o mundo pausar por um instante
e ajuda a restaurar a harmonia.

✶

Assim como uma mãe olha para o filho com amor,
olhe para o seu próprio sofrimento com compaixão.
Você logo vai sentir que não está sozinho.
Há um âmago delicado e íntimo de amor e cuidado
no coração de todo sofrimento.
Você não foi jogado neste mundo sozinho.

Capítulo Dois

FAMÍLIA

Pode parecer um mistério a razão por que
meu filho, minha mãe, meu pai ou meu irmão
pensam e agem de determinada maneira.
Mas, embora não compreendamos
o porquê nem gostemos disso,
podemos amá-los mesmo assim,
porque o amor transcende o entendimento.

"POR FAVOR, CUIDE DA MAMÃE"

Todo indivíduo neste mundo é o precioso filho de alguém, e um monge budista não é exceção. Apesar de saírem de casa para se ordenarem na busca da iluminação espiritual, a maioria dos monges não corta relações com os pais. Maudgalyayana, um dos discípulos mais próximos de Sakyamuni Buddha, é famoso por seu amor filial pela mãe. De acordo com as escrituras budistas, ele desceu ao inferno para resgatá-la. Kyeongheo, o grande mestre zen coreano do século XIX, também continuou sendo um bom filho para sua mãe após se tornar monge. Depois de ter uma experiência de iluminação, a primeira coisa que ele fez foi sair em busca de sua genitora. Kyeongheo morou com ela e cuidou dela por quase 20 anos. Seguindo seu exemplo, muitos monges hoje cuidam dos pais idosos de uma forma ou de outra.

Comigo não é diferente. Toda vez que volto à Coreia, tento ficar com meus pais por pelo menos uma semana, esperando compensar minha ausência. Mas sempre sinto tristeza ao ver quanto eles envelheceram, em especial minha mãe. Muitos cabelos brancos nasceram na cabeça dela e muitos dentes caíram de sua boca. Ela não é mais tão ativa como antes. É angustiante para um filho ver a própria mãe ficar velha. Apesar de saber que tudo neste mundo é efêmero, não posso deixar de querer que minha mãe fosse uma exceção. Sou muito parecido com ela. Ela é introvertida, mas tem uma personalidade animada e calorosa. Adora música, arte e gosta de ler, assim como eu. Quando pensa ou escuta algo interessante, ela anota e compartilha com familiares e amigos. Sabe ser paciente e forte diante das dificuldades. Também tem orgulho das coisas que escrevo e das palestras que dou, pelo fato de terem ajudado tantas pessoas.

Mas há algum tempo, descobri que minha mãe, que eu achava que estaria sempre bem e saudável, tinha ficado doente. Parece que ela não me contou porque não queria que eu me preocupasse. Nada parte mais o coração do que receber uma ligação do seu pai contando que sua mãe está doente. Larguei tudo e fui vê-la. Embora, felizmente, sua doença fosse tratável, fiquei com ela o mês inteiro. Pensar que acabei negligenciando meus próprios pais enquanto me ocupava tentando ajudar desconhecidos fez meu coração arder de vergonha.

Quando dou uma palestra, costumo terminar convidando a plateia a fazer uma meditação coletiva. Primeiro guio as pessoas a oferecerem amor e votos de felicidade a si mesmas enquanto acariciam o próprio coração. Em seguida lhes peço que deem as mãos e fechem os olhos. Então peço que imaginem que estão segurando a mão de alguém de quem gostam e amam profundamente, como a mãe delas. Por fim, peço que enviem amor à pessoa que acabaram de imaginar e repitam esta bênção: "Que você seja feliz! Que esteja saudável. Que esteja em paz! Que esteja sempre em segurança!"

Enquanto cantamos baixinho assim, todos juntos, muita gente derrama algumas lágrimas. Apesar de sempre desejarmos que nossos entes queridos sejam felizes e estejam saudáveis, com frequência não expressamos esse desejo, supondo que eles já sabem o que sentimos. À medida que repetimos esse voto, nos arrependemos de não passar tempo suficiente com eles por estarmos sempre muito ocupados. Eu também me senti assim enquanto imaginava que estava segurando a mão da minha mãe e cantava a bênção junto com a plateia. Conforme as palavras foram fazendo sentido, de repente, do abismo do meu coração, este sentimento veio à tona:

"Mamãe, mamãe, eu te amo tanto, tanto!"

Sem me dar conta, a palavra "mamãe" saiu, em vez de "mãe". Embora fosse um pouco constrangedor, enviei essa mensagem à minha mãe na mesma hora. Ao pensar sobre isso, não fui capaz de me lembrar quando tinha sido a última vez que dissera essas palavras a ela. Mais tarde, soube que receber essa mensagem tão inocente do seu filho já adulto, que tinha saído de casa para se tornar monge, fez minha mãe chorar muito. E então ela resolveu ficar saudável outra vez, não apenas por si mesma, mas também por seu filho.

No famoso romance coreano *Por favor, cuide da mamãe*, a filha só se dá conta de quanto ama a própria mãe depois de ela desaparecer. Numa entrevista, a autora, Shin Kyung-sook, disse que estava planejando o livro havia muito tempo, mas sempre parecia faltar alguma coisa, até ela trocar a palavra "mãe", no título, por "mamãe". O romance termina com uma viagem da filha à Cidade do Vaticano. Ela deposita um rosário diante da *Pietà* – uma imagem de Nossa Senhora abraçando Jesus morto – e pede: "Por favor, por favor, cuide da mamãe."

Depois de ficar em casa com a minha durante um mês, precisei sair do país outra vez. Meu coração estava tomado de tristeza e remorso, e vez após outra me peguei invocando o nome de Avalokitesvara Bodhisattva, Mãe da Misericórdia e Proteção, por minha própria mãe.

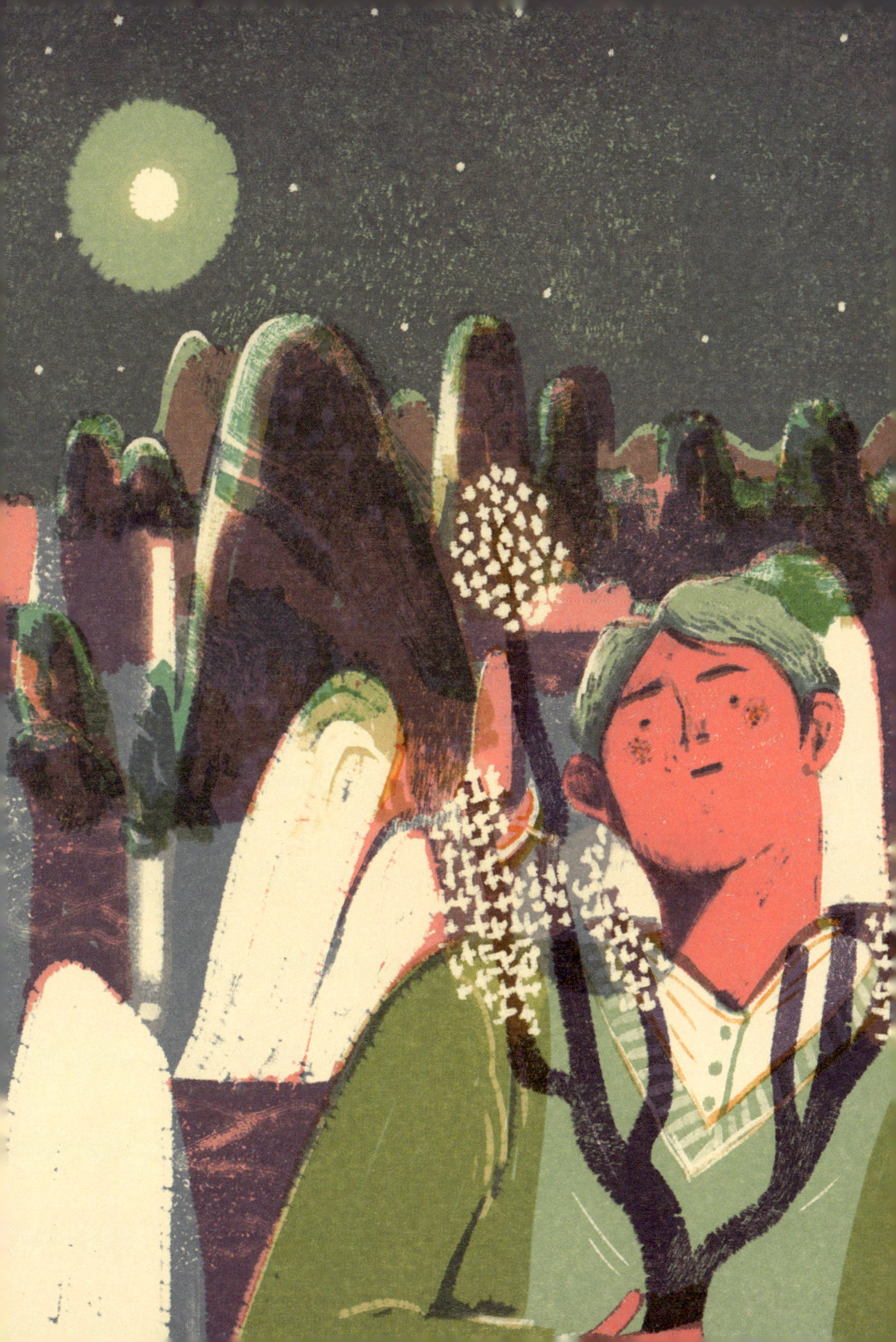

✳

Algo simples como segurar a mão de alguém
pode ajudar muito a aliviar a dor dessa pessoa.
Quanto mais magoados estamos, mais precisamos
do amor e do apoio da nossa família.

✳

Quando alguém que você ama está sofrendo,
o presente mais significativo que você pode
dar é sua presença.
Mandar flores e mensagens é bom,
mas não tanto quanto se sentar com essa pessoa,
segurar sua mão,
olhar nos olhos dela e lhe dar um beijo.

✳

Vivemos mais não porque não ficamos doentes,
mas porque aprendemos a administrar nossa doença.
Àqueles que lutam contra a doença
e àqueles que cuidam deles:
que vocês não percam a esperança.

✳

Mesmo quando a previsão diz que vai chover o dia todo,
há momentos em que, se olharmos bem,
dá para ver que a chuva diminui.
Mesmo quando estamos doentes e sofrendo,
há momentos em que a dor passa.
Mas se dizemos a nós mesmos
"Estou doente" ou "Vai chover o dia todo",
parece que a chuva e a dor nunca diminuem.

✳

Às vezes, queremos que nos digam
"Eu preciso de você" mais do que "Eu te amo",
porque queremos sentir
que a nossa vida tem um propósito.
Então seja corajoso e diga francamente:
"Eu preciso de você."

✳

Quando um familiar querido falece,
sentimos muito por não termos cuidado dele melhor
e ficamos culpados por não tê-lo protegido.
Então, depois de muitas noites difíceis e solitárias,
a primavera, que achávamos que nunca
veríamos de novo, retorna.
E quando o calor da primavera toca o nosso rosto,
sentimos como se quem partiu ainda estivesse conosco,
nos desejando felicidade.
Supúnhamos que estávamos sozinhos,
mas nos damos conta de que não estamos.

✳

Perder alguém muito importante para nós
é como perder a bússola que apontava para
o sentido da vida;
parece que nunca vamos encontrar o norte outra vez.
A experiência da efemeridade da vida é
uma grande lição.
Para aqueles que estão sofrendo, que essa
experiência se torne
uma oportunidade para despertar a Verdade além
da efemeridade.

✳

Não importa quanto um relacionamento seja bom,
é inevitável que ele mude com o tempo.
Um amigo próximo pode se mudar para outra cidade
ou um familiar pode falecer.
As suas circunstâncias também podem mudar.
Não deixe que isso o entristeça –
porque quando uma porta se fecha,
outra sempre se abre.

✳

"Algumas pessoas entram na nossa vida e logo se vão.
Outras ficam por um tempo e deixam pegadas
no nosso coração,
e nunca, jamais, seremos os mesmos."
– Flavia Weedn

✳

O maior presente que os pais podem dar aos filhos
é serem eles mesmos felizes.
Quando os pais são felizes,
a criança pode crescer e se tornar um adulto
feliz e confiante.
Mas se os pais não são felizes,
a criança pode sentir que não tem valor –
por não conseguir de jeito nenhum fazer os pais felizes.

*

Você sacrificou a sua vida pelo bem dos seus filhos.
Mas, em vez de serem gratos, eles estão zangados
por estarem vivendo os sonhos dos pais,
e não os deles.
Olhe para trás e veja se você se iludiu, acreditando
que ser obcecado pelos seus filhos era um sacrifício.
E considere se o seu "sacrifício"
não roubou deles
a oportunidade de aprenderem por si mesmos.

*

Há vários aspectos da vida que não podemos controlar.
Quando se trata dos filhos, do cônjuge, dos
parentes e amigos,
podemos amá-los, orar por eles, mostrar-lhes interesse,
mas não controlá-los,
mesmo quando temos boas intenções,
pois, no fim das contas, a própria felicidade
só depende deles.
Deixe que assumam a responsabilidade pelas
próprias escolhas.
Quando passamos por uma doença,
desenvolvemos imunidade.
Se protegermos os outros da doença,
eles talvez nunca desenvolvam a imunidade
apropriada contra a vida.

※

Se uma professora protege demais os alunos, ela pode
deixá-los mimados.
Acontece a mesma coisa com seus filhos.
É comum os filhos mais novos,
que receberam menos atenção,
crescerem e cuidarem melhor dos pais
do que o mais velho, em quem eles investiram tanto.

※

A razão por que os adolescentes não escutam os pais
e são teimosos, querendo fazer tudo do próprio jeito,
é que estão tentando aprender a ser independentes.
É normal, então não se preocupe tanto.

✳

As crianças querem admirar os pais.
Você não conquista a admiração delas
sendo superprotetor.
Em vez disso, ofereça ajuda aos fracos e impotentes
ou faça uma tentativa sincera de ser um exemplo
de valores importantes,
como honestidade, compaixão, dedicação e tolerância.
Faça o seu melhor para dar aos seus filhos
alguém em quem se inspirar.

✳

Pais, por favor, ensinem aos seus filhos que
maltratar os fracos com palavras ou violência
é errado sob qualquer circunstância.
Também é errado se deleitar na dor de alguém.
Se você deseja que seus filhos se tornem
pessoas decentes,
não permita esses comportamentos.

✳

Em relacionamentos opressivos e violentos,
ninguém, além de você, pode cuidar de si.
Se um relacionamento lhe causa dor,
estabeleça um limite firme e se afaste
da outra pessoa.
Depois de estarem separados, você vai ouvir
a sua voz interior
e aos poucos se tornar mais forte e independente.
Não perca as rédeas da própria vida
nem se permita ser arrastado por outra pessoa.

※

Quando estou dando conselhos,
costumo ouvir dos jovens que eles estão em conflito
porque amam os pais, mas também os odeiam.
Não há nada de errado em ter essas duas emoções.
Você pode amar e odiar alguém ao mesmo tempo.

※

É quase impossível para um filho ou filha
mudar a personalidade, os valores ou o
comportamento dos pais.
Mesmo se os filhos consideram os pais
problemáticos de algum jeito,
eles não têm o direito nem a responsabilidade
de mudá-los.

✳

Se você era sempre rejeitado ou ignorado
pelos seus pais quando pequeno,
pode acabar buscando o amor e a atenção
que lhe negaram num parceiro romântico.
Se seu parceiro for, mesmo que ligeiramente,
indiferente a você,
a ferida da infância pode se abrir,
causando uma grande briga com ele.
Mas a causa real não é seu parceiro;
é a ferida que você carrega dentro de si.
Em vez de projetar essa ferida no seu parceiro e
causar uma discussão,
deixe o orgulho de lado e fale de coração:
"Estou com muito medo de você me rejeitar e me
abandonar como minha mãe fez."
A combinação de lembranças dolorosas, necessidade
de atenção e orgulho, pode facilmente arruinar
o relacionamento.

✳

Se você presumir que, por estarem juntos há muito tempo,
deveriam ser capazes de ler a mente um do outro,
vocês não vão conseguir entender muitas
coisas um sobre o outro.

Eu te amo.
Obrigado.
Eu preciso de você.

COMO ENTENDER NOSSO PAI

Eu estava zangado com o meu pai. "Pai, por que você ficou adiando a ida ao hospital? Já cansei de falar que não é para fazer isso." Mesmo contra a minha vontade, eu estava irritado e preocupado. E eu não gostava de falar assim com ele. Eis o que aconteceu: quando terminei meu retiro de outono no mosteiro zen Bongam e fui visitar meus pais, notei que meu pai tinha emagrecido muito. Perguntei se havia alguma razão específica para ele ter perdido peso, e ele disse que não, que apenas estava tendo alguns problemas digestivos e que tomava um remédio de vez em quando. Ao ouvir isso, de repente senti medo de que pudesse ser câncer de estômago, porque o primeiro sintoma dessa doença é perda de peso sem razão aparente. E meu avô não tinha falecido de câncer de estômago?

Apesar do meu conselho, meu pai se recusou a fazer uma endoscopia. Depois de insistir que estava bem, ele me pediu que cuidasse da minha própria saúde. "Eu não sou importante, mas você, meu filho, que faz tanto bem às pessoas, precisa se cuidar para continuar a ajudá-las." Quando voltei para casa naquele inverno frio de rachar, meu pai estava gripado, sofrendo de rinite havia mais de um mês. Dessa vez, até ele admitiu que parecia haver algo de errado acontecendo dentro dele e concordou em fazer uma endoscopia. Fiquei arrasado. Por que você não valoriza seu corpo? Por que fica sempre falando que não é importante? Por que não pensa nos seus filhos, em como está nos deixando preocupados? Eu estava irritado.

PARECE QUE NÃO sou o único que vivencia emoções como essa. Já notei que as pessoas costumam experimentar emoções mais difíceis e complicadas no relacionamento com o próprio pai do que com a mãe. Isso parece valer especialmente para filhos homens. Então, com base nas minhas conversas com as pessoas, desenvolvi cinco protótipos de relacionamentos entre pai e filho – embora com certeza haja muitos mais. À medida que for lendo, veja se algum deles se aplica ao seu caso.

O primeiro caso é quando o pai se comporta de uma forma excessivamente patriarcal, evitando demonstrar afeto e impondo regras e padrões rigorosos. Ele costuma controlar os filhos fazendo-os sentir vergonha e culpa. Para eles, o pai paira sobre tudo, como uma montanha intransponível. Mesmo depois de adultos, os filhos não ficam à vontade perto dele, pois passaram a infância com medo e não conseguem se abrir nem ter uma conversa franca com o pai.

O segundo caso é o de filhos que testemunharam o sofrimento da mãe por causa dos casos extraconjugais do pai ou de seu desemprego. Esses filhos tendem a desenvolver uma profunda solidariedade pela mãe e uma fúria em relação ao pai. Se, quando crianças, não foram capazes de expressar sua raiva, essas emoções reprimidas tornam difícil para eles ter um relacionamento com o pai depois de adultos. Com frequência, eles escolhem evitar qualquer contato com ele.

O terceiro caso é quando o pai é um homem que subiu na vida pelo próprio esforço, um firme defensor do poder do trabalho duro que tem expectativas igualmente altas em relação aos filhos. Como ele teve que se dedicar muito para chegar aonde chegou, aos seus olhos não é suficiente que os filhos trabalhem moderadamente, que sejam medianos na escola. Desesperados pela aprovação do pai, depois de adultos eles costumam ser atormentados pela ansiedade e não conseguem relaxar, porque sentem que só são dignos de amor quando se saem bem em alguma coisa ou conquistam algum grande sucesso. Com frequência conheço jovens que tiveram uma formação excelente e têm um bom emprego e, mesmo assim, apresentam baixa autoestima e tendências a desenvolver um vício pelo trabalho. Ao conversar com eles, descobri que muitos tiveram um pai desse tipo.

O quarto caso tem a ver com filhos de famílias comuns que se revelam gênios acadêmicos ou são muito bem-sucedidos em alguma coisa. Eles se sentem limitados pelo pai de alguma forma e se ressentem por ele interferir em suas vidas. São independentes e motivados e preferem não receber conselhos que nunca pediram de um pai que não tem como saber de fato como é a vida deles. Esses filhos amam o pai, mas não necessariamente o admiram.

Por fim, o quinto caso são filhos que perderam o pai quando crianças. À medida que cresciam, sentiram profundamente a ausência paterna; depois de adultos, ainda têm saudade dele. Eles tendem a se lembrar do pai como um herói e são atraídos a professores e mentores que sejam como ele em algum sentido.

EU QUERIA ENTENDER por que meu pai não valorizava a própria saúde e vivia dizendo que não era importante. Como faço quando estou falando com algum desconhecido, fiz um esforço para compreendê-lo a fundo. Foi a primeira vez que tentei vê-lo não em relação a mim, como meu pai, mas como homem. E o que vi foi um menino a quem o próprio pai, meu avô, raramente demonstrou afeto ou expressou interesse. Meu pai ainda sentia a dor da memória do meu avô indo embora, refugiado da Guerra da Coreia, levando apenas o filho mais velho com ele. Meu pai, o segundo filho, foi deixado para trás com sua mãe e suas irmãs. Guloseimas raras, como um ovo frito, eram sempre reservadas ao filho mais velho. Além disso, como os homens costumavam ser naquela época, meu avô era grosso e patriarcal, e não demonstrava muitas emoções. Tendo crescido à sombra do pai e do irmão mais velho, meu pai era incapaz de enxergar quão preciosa era sua própria existência. Mesmo hoje, velho o suficiente para ser avô, faltava-lhe confiança e ele pensava em si mesmo como alguém sem importância. Havia passado a vida inteira colocando os outros em primeiro lugar. De repente senti meus olhos ficarem quentes.

Depois da endoscopia, meu pai telefonou e me contou que tinha dado sorte: não era câncer de estômago. Ele hesitou, e então falou: "Eu te amo." Foi a primeira vez que falou essas palavras para mim. Na mesma hora, um calor inundou meu peito. Como sei que meu pai vai ler este livro, quero dizer a ele: "Pai, eu também te amo. E sou muito grato por você ter criado um filho tão otimista, com uma autoestima tão boa. Sinto-me sortudo por tê-lo como pai."

O amor não precisa de outra razão
que não o próprio amor.

Quando a sua autoestima estiver lá embaixo,
diga a si mesmo: "Para meus familiares
e amigos próximos,
sou tão precioso quanto sempre fui.
Ainda sou capaz de fazer o bem no mundo;
um punhado de gente que não me conhece de verdade
não pode decidir o meu valor.
Com o tempo, acredito que vou conhecer
pessoas diferentes
que vão valorizar a mim e as minhas habilidades."

✷

Se você ama alguém,
em vez de fazer o que pensa que o outro precisa,
faça o que ele lhe pedir.
Apesar de ser com a melhor das intenções,
fazer o que você acha que alguém precisa
pode ser a semente de querer controlá-lo,
de torná-lo de determinado jeito para agradar você.

✷

Com um pouco de planejamento,
você pode continuar a curtir a vida
ao mesmo tempo que cuida de alguém próximo a você.
Sacrificar-se por completo
não será bom a longo prazo,
nem mesmo para a pessoa de quem você está cuidando.
Apenas se estiver razoavelmente bem
você será capaz de cuidar direito de alguém.

✻

Você está preocupado porque
seu cônjuge ou filho ganhou peso?
A melhor maneira de fazer alguém que você ama
cuidar da saúde é cuidando da sua própria,
com uma alimentação balanceada e exercícios regulares.
Se você servir de exemplo, eles terão uma chance
muito maior de se juntar a você.

✻

Se mesmo tendo feito o seu melhor,
eles tiveram uma reação apática
ou exigiram ainda mais de você,
não há por que se desesperar.
Se você realmente fez tudo que podia, deixe quieto.
Se eles precisam de mais, vão encontrar uma forma
de terminar a tarefa sozinhos.

*

Às vezes recorremos a ameaças verbais
na esperança de fazer as pessoas caírem em si.
Por exemplo: se não fizer o que eu quero,
vou tirar alguma coisa importante para você
ou no futuro não vou lhe dar algo de que precisa.
Isso acontece sobretudo entre familiares.
Infelizmente, palavras assim não fazem as
pessoas mudarem de ideia.
Elas só as machucam
e as fazem ficar ainda mais resistentes.
Em vez disso, explique com calma por que algo
é importante para você
de modo que suas palavras não pareçam
ameaças nem ultimatos.
A mudança dura mais não quando é forçada,
mas quando vem
porque o outro se convenceu de que ela é necessária.

*

Alguém me disse isto e me deixou com
uma boa impressão:
"Haemin Sunim, agora que estou bem financeiramente,
meu relacionamento com meus pais e irmãos melhorou."
Se você ganhou muito dinheiro, divida-o com a sua família.

✳

A maior parte das rixas vem do
esforço inútil de interferir e semear discórdia:
a mulher, entre o marido e os pais dele;
a sogra, entre seu filho e a mulher dele;
a irmã do marido, entre seu irmão e a mulher dele.

✳

Não importa quão próxima seja a relação,
algumas perguntas não devem ser feitas:
"Por que você não emagrece?"
"Por que você ainda não se casou?"
"Por que você se divorciou?"
"Por que você não está trabalhando?"
Por favor, guarde esses pensamentos para você.

✳

"Mesmo entre ramos que saem da mesma raiz,
haverá os que serão saudáveis e darão muitos frutos
e os que serão mirrados e com frutos pequenos.
O ramo mais saudável pode ter ficado assim
por receber mais do que sua cota justa de nutrientes.
É a mesma coisa com irmãos:
Se há um que é inteligente e bem-sucedido,
pode haver um que é pobre e precisa contar com o outro.
Você vai ficar irritado se, a cada vez que seu
irmão pedir ajuda,
sentir que está sendo privado do que é seu por direito.
Mas se você considerar como seu irmão
deve ter precisado se sacrificar
para você chegar aonde chegou,
isso não vai parecer tão injusto.

– Ko Misook, ESTUDIOSA DE LITERATURA COREANA

✳

Nós nos irritamos mais com
as pessoas próximas.
E quando a irritação é de ambos os lados,
é inevitável que um bate-boca aconteça.
Quando alguém mostra um temperamento difícil,
pode ser porque quer que escutemos
sobre sua situação atual e sejamos solidários.
Em vez de discutir,
tente entender suas necessidades mais profundas.

✻

Quando sentir que está prestes a perder a calma,
pense na sua família.
Pense em como seus filhos vão sofrer as consequências.
Se não consegue controlar seu temperamento
por si mesmo,
controle-o pelo bem da sua família.

✻

Se uma criança estiver chorando ou fazendo
bagunça no avião,
é provável que você fique irritado com ela e se
ressinta dos pais.
Imagine que a criança na verdade
é sua sobrinha ou seu sobrinho, seu neto ou sua neta.
Se pensarmos na criança como uma estranha,
nos concentramos na inconveniência que ela é para nós,
mas se pensarmos nela como parte da família,
nos tornamos compassivos, querendo saber se
está desconfortável ou sentindo dor.

✳

Se você quiser ajudar seu filho, parceiro ou amigo,
simplesmente escute sem oferecer conselhos
ou sua própria interpretação dos fatos.
E se solidarize, imaginando que foi você
quem acabou de viver aquela experiência.
Não vire as costas às dificuldades, suportem juntos.
É assim que você pode oferecer a maior ajuda.

✳

Antes de deitar a cabeça no travesseiro e dormir,
relembre pelo menos três coisas pelas quais
você foi grato hoje.
Se continuar fazendo isso durante dois meses,
verá um aumento no seu nível de felicidade,
porque em vez de se concentrar no que
está errado na sua vida,
você vai desenvolver o hábito de procurar
o que há de bom nela.
Uma mentalidade feliz exige prática.

✳

Se você der total atenção a alguma coisa,
o que quer que seja, e examiná-la de perto,
ela vai começar a atrair seu interesse e sua afeição.
Assim como o rosto do seu filho é a coisa mais
familiar e adorável do mundo,
a atenção vai transformar um objeto ordinário
em algo extraordinário.

✳

Se você levar um gato para casa e cuidar dele,
mesmo que ele tenha sido abandonado e esteja sujo,
não vai demorar para ele se tornar
o gato mais fofo do mundo.

Capítulo Três

EMPATIA

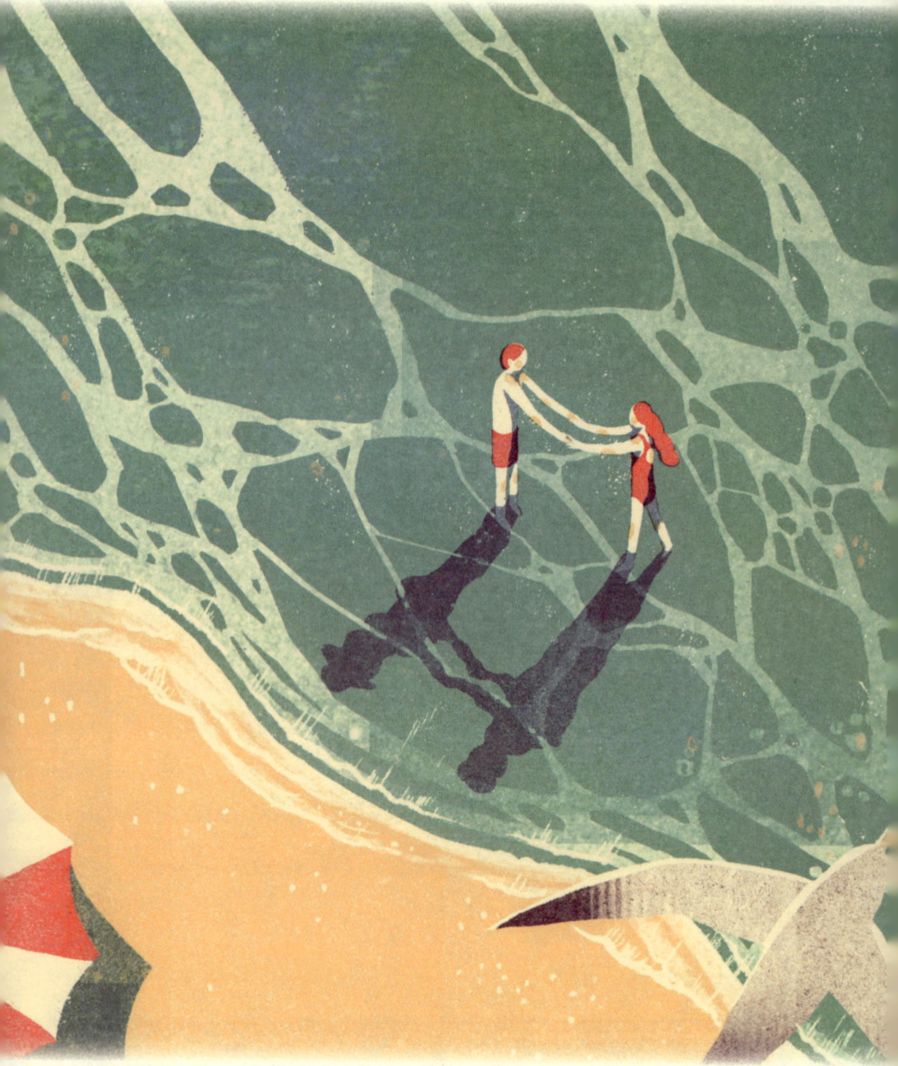

Se você ama alguém:
Dê-lhe um abraço,
como Nossa Senhora abraça Seu
único Filho.
Escute com atenção,
como se não houvesse ninguém além
dele no universo inteiro.
Olhe em seus olhos,
como uma alma tentando se
comunicar depois de perder o poder
da linguagem.
Dancem juntos,
como se amanhã fosse o último dia
de vocês na Terra.

O PODER DO ABRAÇO

Talvez você já tenha ouvido falar que cada vez que alguém o abraça, você ganha mais um dia de vida. É claro que não há maneira de verificar se isso é mesmo verdade, mas nenhum de nós tem dificuldade de entender a mensagem. Quando achamos que as coisas estão ficando complicadas, um abraço caloroso e silencioso pode ter um poder de cura maior do que uma explicação detalhada sobre por que as coisas estão difíceis. Embora eu não possa livrá-lo da dor, ainda assim fico ao seu lado e não saio, inclusive nas piores situações. A maneira mais calorosa de expressar isso é através de um abraço.

Quando fui aos Estados Unidos pela primeira vez, demorei muito para me acostumar com a maneira ocidental de cumprimentar as pessoas. Em vez de me curvar educadamente do jeito coreano tradicional, tive que aprender a forma casual e sem reservas com que os amigos cumprimentam uns aos outros – um rápido aceno de cabeça e um "olá" quando passam uns pelos outros na rua. Tive que aprender que um aperto de mão não é apenas segurar a mão do outro, mas também envolve sorrir, olhar nos olhos e garantir que sua pegada não seja forte nem fraca demais. Mas, de todos os métodos de cumprimento, aquele com que demorei mais a me acostumar foi o abraço. Sobretudo porque, como monge, eu me acostumara a saudar as pessoas fazendo o *hapjang* – juntando as palmas em frente ao peito e me curvando a partir da cintura. Abrir os braços e abraçar alguém fazia com que eu me sentisse de certa forma envergonhado e constrangido.

Mas é claro que um cumprimento não é algo que se faz sozinho. Se você está se despedindo e a pessoa abre os braços para abraçá-lo, estender a mão para um aperto não apenas vai deixá-la sem graça como vai sugerir que você quer manter distância, o que pode parecer indelicado. Porém, depois de um tempo, quando meu relacionamento com o amigo ou colega já se tornara próximo o suficiente, aprendi a abraçar. Misteriosamente, o constrangimento inicial desapareceu aos poucos, sendo substituído por uma sensação de camaradagem, intimidade e simpatia.

RECENTEMENTE OUVI FALAR de alguns estudos interessantes sobre o abraço – a confirmação científica de que ele realmente faz bem para a saúde. Anthony Grant, um professor de psicologia na Universidade de Sydney, apresentou resultados de uma pesquisa que demonstram que, além de reduzir a ansiedade e a solidão, abraços diminuem nossos níveis do hormônio cortisol, que é secretado em resposta ao estresse; isso, por sua vez, aumenta a imunidade aos patógenos e diminui a pressão sanguínea. E, de acordo com Karen Grewen, da Universidade da Carolina do Norte em Chapel Hill, se um casal dá as mãos e se abraça por 20 segundos antes de sair de casa pela manhã, seus indicadores de estresse serão a metade em comparação com casais que não fazem isso. Em outras palavras, um abraço rápido e caloroso em alguém que amamos nos oferece uma camada de proteção, um isolamento em relação aos estresses do dia.

Como monge, às vezes preciso oferecer às pessoas essa camada de proteção. Uma dessas ocasiões não me sai da cabeça até hoje. Foi numa noite de autógrafos numa grande livraria de Seul; eu estava assinando o livro de uma mulher e ela de repente disse, com a voz embargada:

– Haemin Sunim, dois meses atrás o pai dos meus filhos faleceu num acidente de carro. Estou em estado de choque e mal tenho saído de casa desde que isso aconteceu. Meu irmão caçula me deu seu livro de presente, provavelmente porque estava com pena de mim; chorei muito enquanto o lia, desde o primeiro capítulo. Por alguma razão, fiquei com a ideia de que, se eu ao menos pudesse conhecer você, isso me daria a coragem para seguir em frente e cuidar direito dos meus filhos. Vivo na zona rural, mas peguei o trem hoje de manhã para vir conhecê-lo pessoalmente.

A voz dela estava embargada e seu rosto, marcado pelas lágrimas. Naquele momento, sem me dar conta do que estava fazendo, me levantei da cadeira, fui em direção a ela e abri os braços. Depois de abraçá-la calorosamente por um instante, falei:

– Eu também vou orar pelo falecido pai dos seus filhos. O espírito dele deve estar observando você do outro mundo, vendo como segue vivendo e como cuidou bem das crianças. Neste momento você está muito solitária e a vida está muito difícil, mas por meio desta experiência você vai se tornar mais forte, mais sábia e mais compassiva. A partir de agora, as coisas vão melhorar aos poucos. Não se preocupe tanto.

Eu a abracei enquanto ela chorava, e pensei comigo mesmo: "Apesar de me faltarem muitas coisas, quero ser alguém que pode levar algum conforto às pessoas, que pode lhes dar coragem, como um raio quente de sol." Se alguém precisa de um abraço meu, eu dou de boa vontade, com prazer, sempre que necessário. Para vocês que estão lendo isto, se têm familiares ou amigos que estão passando por um momento difícil, lembrem-se de abraçá-los de vez em quando. Quem sabe possam prolongar mesmo a vida deles – e a de vocês também.

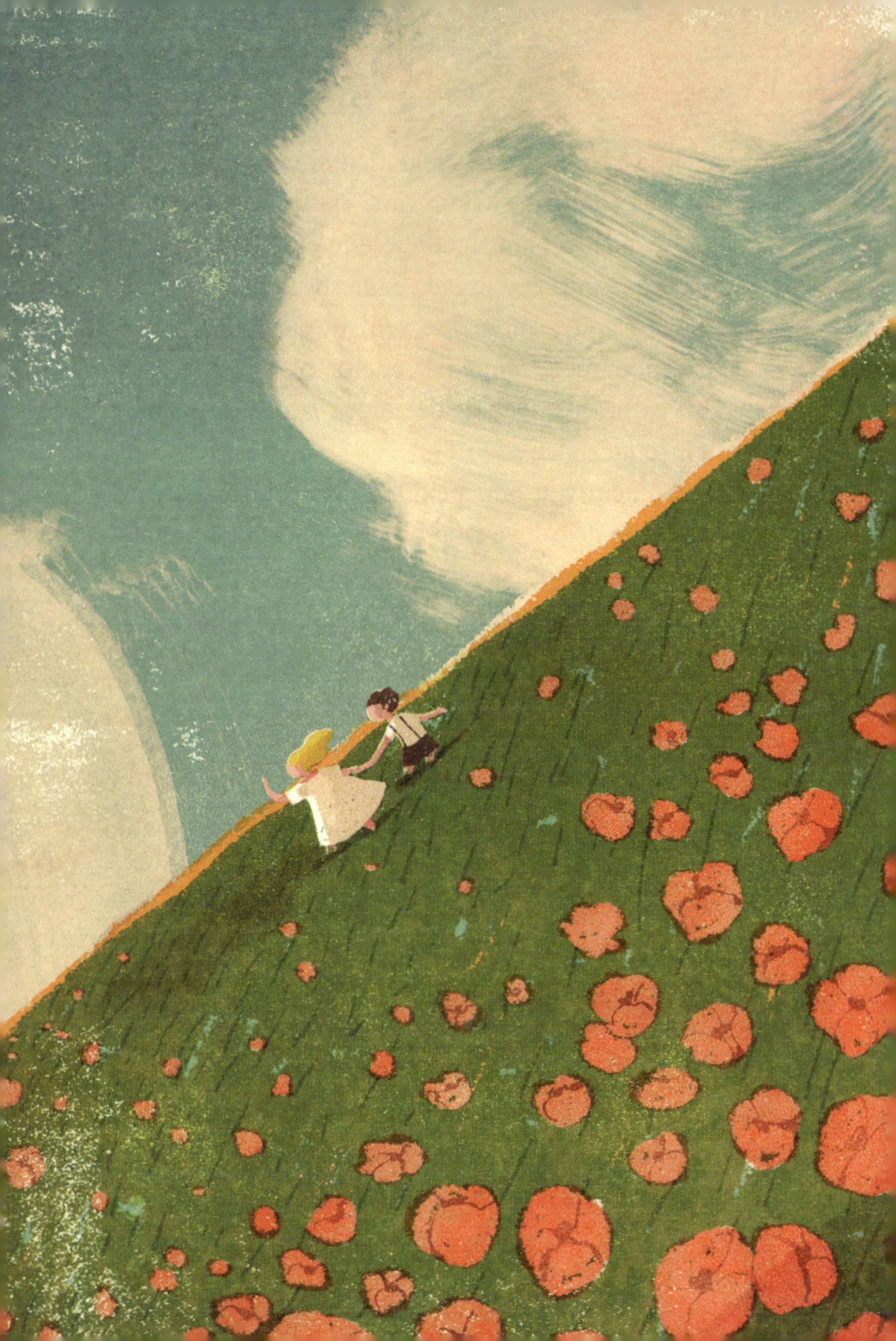

✳

Como já experimentei a dor,
sou capaz de acolher a dor dos outros.
Como já cometi erros,
sou capaz de perdoar os erros dos outros.
Que o meu sofrimento se torne a semente da compaixão.

✳

Se você quer expressar seu amor a familiares ou amigos,
escute-os de verdade,
devotando toda a sua mente e seu coração às palavras deles.
Se você escutar com bastante cuidado e interesse,
eles vão começar a sentir "Eu sou um ser precioso",
e "É essa a sensação de ser amado".

✳

Parece que ver a foto de alguém que se ama
pode mesmo aliviar a dor, como tomar um Tylenol.
E ver uma pessoa ajudando outra
aumenta o nível dos hormônios da felicidade no corpo,
como se fosse você mesmo que estivesse
prestando ajuda.

✳

Quando seu ente querido estiver sofrendo e
precisar de você,
apenas fique ao lado dele na dor.
Faça-o sentir que ele não está sozinho.
Se você oferecer clichês alegres
ou procurar uma solução rápida,
pode ser porque você
não quer encarar a situação dele.
Considere se você está só procurando
palavras superficiais
para ficar logo à vontade outra vez.

✳

Esbarrei com um amigo do colégio
pela primeira vez depois de muitos anos.
Ele me contou que, quando viu a esposa e os filhos
esperando por ele na estação de trem,
segurando guarda-chuvas,
isso o fez perceber seu propósito na vida.
As coisas que realmente importam estão muito perto,
ao alcance da mão.
E, mesmo assim, parece que nos esquecemos disso
de vez em quando.

✳

Há aqueles que o amam por quem você é
e aqueles que o amam pelo que você faz.
Não há nenhuma mudança no amor
daqueles que o amam por quem você é,
mesmo se você cometer um erro ou falhar.
Essas pessoas são seus verdadeiros amigos e familiares.

✸

Familiares ou amigos que já passaram por um revés
dizem: "Mesmo que não tenha dado certo desta vez,
estou muito orgulhoso de você. Em
circunstâncias difíceis,
você não desistiu. Isso, para mim, é sucesso."

✸

Desejo que você seja feliz.
Mas não espere por alguém que vá fazê-lo feliz.
Tome essa decisão por si mesmo e faça alguma coisa.
Não entregue a outra pessoa o poder
de fazer isso por você.

✸

Quando alguém lhe perguntar "Como está se sentindo?"
e você não souber ao certo como responder,
apenas diga: "Tudo bem!"
No momento que você responde isso, pode realmente
começar a se sentir bem.

✶

Quando alguém diz alguma coisa quando está cansado,
lembre que é o cansaço que está falando.
É sensato deixar conversas importantes
para o dia seguinte, depois de uma boa noite de sono.
Quando a pessoa estiver cansada,
apenas sirva para ela um chá de ervas
e deixe-a em paz.

✶

Uma expressão do amor
é simplesmente deixar alguém à própria sorte.

✶

As palavras têm grande poder.
"Você vai melhorar a partir de hoje!"
"Você é muito talentoso. Vai se tornar um
escritor fantástico!"
"A sua música vai tocar o coração de muitas
pessoas um dia!"
No momento que alguém lhe diz essas palavras,
um novo campo de possibilidades se abre para você.
As palavras podem se tornar a semente da realidade.

✳

Mesmo que o que alguém está dizendo seja verdade,
se for dito com ódio e desdém,
isso vai fazer você relutar em concordar com a pessoa.
Nos comunicamos não apenas com palavras,
mas também com a energia das nossas emoções.

✳

As palavras que são ditas importam,
mas a maneira como são ditas importa ainda mais.
Também nos comunicamos com as expressões faciais e a
linguagem corporal,
com o volume e o tom da nossa voz.

✳

Palavras que transmitem raiva, violência ou crítica ferina
parecem ter um efeito mais imediato
do que as que transmitem gentileza e compaixão.
Mas o uso de meios negativos pode voltar
para assombrar quem falou,
causando arrependimento por ter magoado os outros
para seus próprios interesses.

✶

Quando você fica zangado, a sua raiva cria um eco
que inevitavelmente volta para você.
A sua raiva desperta a raiva nos outros,
que ou rebatem de imediato com a mesma intensidade
ou indiretamente, ao longo de muitos anos,
na forma de fofocas e joguinhos passivo-agressivos.
Então, na próxima vez em que ficar com raiva, não
esqueça os custos disso.

✶

A casa está uma bagunça,
mas você não tem energia para arrumá-la.
Nesse caso, convide seus amigos para irem lá.
Na mesma hora, você vai sentir um surto de energia e
será capaz de deixar a casa inteira arrumada
em 30 minutos!

✳

Quando for convidado para jantar na casa de um amigo,
tocar a campainha cinco minutos depois
da hora marcada
parece a melhor coisa a fazer.
Às vezes chegar um pouquinho atrasado
pode ser muito útil:
cinco minutos extras para os preparativos do jantar.

✳

Assisti ao filme *Um senhor estagiário* e aprendi
que um cavalheiro que carrega um lenço
o faz não para si mesmo,
mas para qualquer pessoa que ele encontre e
que possa precisar de um.

✳

Quando ajudar outras pessoas,
em vez de pensar "Estou ajudando para o bem delas",
pense: "Estou fazendo isso porque gosto de
ajudar as pessoas."
E então, mesmo que ajude alguém que
não retribua o favor, você não vai ficar muito chateado.

✳

Num momento de necessidade, você foi ajudado.
Agora que as coisas estão melhores,
você gostaria de retribuir o favor.
Infelizmente, quem o ajudou
não está mais neste mundo.
Nesse caso, por favor ajude pessoas jovens
que estejam numa situação parecida com
a que você estava.
É provável que isso vá agradar a pessoa que
não está mais com você.

✳

Quando o iminente monge Beopjeong Sunim
visitou Nova York,
nós o levamos a uma boa livraria em Manhattan.
Beopjeong Sunim generosamente me disse:
"Haemin Sunim, escolha alguns livros para você."
Em vez de pegar um ou dois,
peguei uma pilha de oito, com a desculpa de que
precisava deles para os meus estudos.
Ao ver isso, um monge mais velho me sinalizou
que eu deveria escolher apenas um.
Mas enquanto eu rapidamente colocava os livros de volta,
Beopjeong Sunim viu e disse:
"Para um monge estudante, livros são como o pão que
comemos ou o ar que respiramos."
Ele comprou todos os oito livros para mim e ainda
escreveu neles:

*Haemin Sunim, estude com afinco para seu doutorado
e espalhe grandes ensinamentos a várias pessoas.
Beopjeong, Palmas unidas.*

Sinto uma grande dívida e amor pelos mais velhos.
Desejo ser generoso com a nova geração assim como eles
foram comigo.
Tenho saudade de Beopjeong Sunim, que já
deixou este mundo.

Quando amamos alguém,
o maior presente que podemos dar
é estar completamente presentes.

OUVIR É UM ATO DE AMOR

Existem momentos na vida em que uma situação muito difícil aparece e queremos conversar sobre ela com alguém. Nessas ocasiões, que tipo de pessoa acabamos procurando? Um amigo que seja mais inteligente e saiba falar bem? Ou apenas alguém que pareça estar do nosso lado e que vai ouvir com carinho o que temos a dizer? No meu caso, em geral prefiro este último. É claro que falar com um amigo mais inteligente que eu pode mesmo ser útil, pois ele pode analisar meu problema de maneira objetiva. Mas, quanto mais difícil o problema, maior a probabilidade de eu terminar um pouco insatisfeito depois de receber conselhos friamente racionais, ainda que sejam sensatos. É provável que eu anseie por alguém afetuoso e cuidadoso que vá ouvir as agruras do meu coração com empatia.

Algo assim aconteceu quando eu estava dando aula em Massachusetts. Houve muitas ocasiões em que ensinar me trouxe grande felicidade e realização. Mas também houve ocasiões em que tudo que eu pensava era: "Não nasci para ser professor universitário!"

Por exemplo, havia as diferenças culturais: ao contrário do que acontece na Ásia, alguns alunos contradiziam abertamente os professores. Eu recebia esses desafios de bom grado e ainda acreditava que os estudantes tinham permissão para ter opiniões divergentes das dos professores – inclusive deviam ser encorajados a isso. Mas não estava habituado à forma direta como me refutavam em sala de aula. Às vezes deparava com alunos que não levavam o estudo a sério e iam para a aula despreparados. Eles eram a minoria, mas, como um professor iniciante e inexperiente, eu ficava aborrecido e até um pouco deprimido com isso. Por vezes não gostava dos alunos difíceis, o que era muito desconfortável e fazia com que eu me sentisse culpado.

Sempre que me sentia assim, ficava com vontade de conversar com algum colega mais experiente. Mas em vez de procurar os professores conhecidos por serem objetivos e diretos, em geral eu falava com aqueles que eram bondosos e bons ouvintes. Se você se perguntar por que eu fazia isso, eu diria que há mais em ser um bom ouvinte do que simplesmente escutar. Pelas expressões faciais, pelo tom de voz e pela linguagem corporal de uma pessoa, nos sentimos queridos, reconhecidos e compreendidos. Quando alguém se concentrava em mim, deixando-me dizer o que eu queria falar sem me interromper nem mudar de assunto, meu coração apreensivo começava a se abrir e eu compartilhava todas aquelas histórias guardadas aqui dentro, uma a uma, sem medo de ser julgado.

Tirava um grande peso do meu peito e eu provavelmente precisava mais disso do que de conselhos sensatos. Depois de ser uma testemunha solidária da minha situação, quando meu colega compartilhava comigo algo semelhante que havia acontecido com ele, isso me trazia ainda mais conforto, pois eu sabia que não estava sozinho. À medida que começava a ganhar uma perspectiva mais ampla, passava a ser mais fácil aceitar a minha situação e lidar com os meus sentimentos.

TANTO POR SER MONGE quanto por ser professor, com frequência preciso falar em público ou fazer palestras sobre o darma. Mas enquanto algumas plateias dão risada do meu humor bobo e saem do auditório parecendo satisfeitas e esclarecidas, outras ficam com o rosto inexpressivo em pesado silêncio. Mesmo quando se trata da mesma palestra, a experiência como um todo é completamente diferente sem uma plateia animada. Quando a plateia e eu estamos em sintonia, minhas palavras fluem como um rio correndo pelo auditório num clima de vitalidade espiritual. Mas quando a audiência não é muito receptiva, eu me contraio psicologicamente e não consigo transmitir de maneira eficiente o que preparei. É por isso que acredito que escutar não é de modo algum uma atividade passiva. Ouvir abertamente, com paciência e atenção é uma das mais significativas expressões de amor.

ÀS VEZES ME PERGUNTO por que ficamos acordados até tarde postando fotos e mensagens no Facebook, no Twitter, no Instagram, etc. Ninguém nos obriga a fazer isso; apenas queremos compartilhar com o mundo o que fizemos naquele dia, o que pensamos, que fotos tiramos. Acho que isso tem a ver com o desejo de que alguém escute o que temos a dizer, mesmo que esse alguém seja o impessoal mundo virtual. Porque só assim sentimos que nossas ações têm significado e nossa existência tem valor. Sem ter quem preste atenção em nós, nossa vida parece vazia, como estar sozinho num palco sem plateia. Com isso em mente, encorajo as pessoas a se perguntarem de vez em quando se algum amigo ou familiar está passando por um momento difícil. Mesmo que você não tenha soluções para os problemas que eles estejam enfrentando, eles ficarão gratos de apenas saber que você está disposto a ouvi-los.

Acho que o processo de cura começa quando abrimos
o coração e ouvimos com empatia.
Somos capazes de ajudar as pessoas não porque
conhecemos a solução para os problemas delas,
mas porque nos importamos o suficiente para ficar e lhes
emprestar nossos ouvidos.
Sabendo que outros passaram por dificuldades semelhantes,
elas ficam mais bem equipadas para lidar com as delas.

✳

Quando contamos nossos problemas a alguém,
quase nunca queremos escutar
as "palavras certas".
Simplesmente queremos ser ouvidos.
Quando alguém falar com você,
não se apresse em dar conselhos;
escute.

✳

Em vez de tentar aperfeiçoar alguém,
seja apenas um espelho, refletindo sem julgamento.
Quando quer que alguém melhore,
você para de ver a pessoa como ela é.
E, em vez disso, só vê os defeitos dela
de acordo com seus próprios padrões subjetivos.

✳

O amor genuíno parece amar "apesar de".
Obviamente é fácil amar as partes com que concordamos,
mas só quando aprendemos a acolher as partes
de que discordamos
é que o gostar se torna amar.

✳

As crianças adoram exibir as próprias cicatrizes
porque gostam de receber atenção amorosa dos outros.
Mas, se você olhar de perto, com os adultos é a mesma coisa.
Quando estiver magoado ou passando por dificuldades,
quando estiver triste ou deprimido,
não guarde tudo para si;
de vez em quando, exiba as suas feridas como uma criança
e diga: "Estou sofrendo."

✻

Quando achamos que já conhecemos uma pessoa,
paramos de nos esforçar para conhecê-la melhor.
Quando não conhecemos uma pessoa,
fazemos um esforço para conhecê-la.
Amor é o estado de não conhecer
e de querer conhecer mais.
Pergunte a si mesmo se você acha que já conhece
seus entes queridos.
Se você acha que sim, não está sendo capaz de vê-los
como são agora
e, em vez disso, os vê através do prisma
de antigas opiniões.

✻

Quando alguém fala mal de um grande amigo seu,
você precisa mesmo contar isso a ele?
Se só vai servir para magoá-lo,
qual é o sentido de dizer a ele?

✳

O amigo que fala mal dos outros na sua frente
provavelmente vai falar mal de você pelas suas costas.

✳

Se você apontar os defeitos de uma pessoa,
não espere que isso mude o comportamento dela.
Em geral ela vai apenas
ficar magoada.
Em vez disso, elogie os pontos fortes dela,
que vão crescer e ofuscar os fracos.

✳

Quando encontrar alguém, faça um elogio,
mesmo que seja só por educação.
Diga que parece mais feliz, mais saudável
ou que sua roupa ou seu cabelo estão
especialmente bonitos.
Se fizer isso, as coisas vão começar com o pé direito
e, a partir daí, todo o resto vai fluir mais fácil.

✳

No inverno, andando por Manhattan
numa túnica cinza grossa,
às vezes ouvia alguém falar:
"Que original! Onde posso comprar uma igual?"

✳

O inverno pode ser muito frio, não é?
Vi um anúncio que dizia:
"Pessoas são como aquecedores."
A nossa presença pode aquecer uns aos outros.
Que você seja o aquecedor de alguém hoje.

✳

Muitos de nós experimentamos uma
sensação de desconexão
e sentimentos correlatos de rejeição,
decepção e solidão.
Se estiver se sentindo assim,
faça uma prece pela pessoa que se separou de você.
Envie a ela um pouco de energia positiva e bons votos.
Escolher não odiá-la é a melhor vingança,
a única que não vai deixar uma ferida
duradoura no seu coração.

✳

Quando estiver lidando com alguém inflexível e difícil,
diga a si mesmo:
"Assim como eu, essa pessoa precisa do apoio da família.
Assim como eu, ela está pensando no futuro.
Assim como eu, ela deve estar passando
por uma dificuldade e
pouca gente deve saber."

✳

Quando alguém fizer alguma coisa para perturbar você
sem razão aparente
ou se comportar de um jeito completamente irracional,
para o seu próprio bem, repita para si mesmo:
"O mundo é grande e cheio de gente esquisita!"

✳

Está tudo bem em discordar.
Mas se isso acontecer, você deve dizer
que a minha opinião
é diferente da sua, não errada.
Há uma enorme diferença.
Tente se colocar no meu lugar.
Como se sentiria se dissessem
que você está errado apenas por ser diferente?

✳

É difícil conhecer as coisas como elas são
porque, quando ouvimos alguma coisa,
dependemos das experiências passadas para entendê-la.
Se dez pessoas escutarem a mesma história,
cada uma vai interpretá-la de um jeito,
pois a história individual de cada uma delas vai levá-las a
se concentrar em diferentes aspectos do relato.

✳

Cada um de nós tem um ponto de vista único.
Olhando assim, todo mundo parece estar certo.
Mas, se quisermos chegar a um acordo,
em vez de afirmar nosso próprio ponto de vista,
precisamos dizer:
"O seu ponto de vista revela algo
que eu não tinha notado.
Fale mais, porque quero entendê-lo."
Em vez de tentar persuadi-la,
precisamos antes procurar entender a outra pessoa.

✳

Magoamos uns aos outros mais por ignorância
do que por maldade.
Se tiver magoado alguém, diga:
"Sinto mundo e quero resolver isso.
Eu não devo ter entendido você."

✻

Com frequência magoamos as pessoas sem saber.
O arrependimento genuíno deve ser dirigido
não apenas àqueles que magoamos conscientemente,
mas também aos muitos que magoamos sem saber.

✻

O bom motorista vê o fluxo orgânico
de todos os carros na estrada
e se torna um com o fluxo depois de se juntar a ele.
O mau motorista não vê esse fluxo como um todo
e pensa apenas em como ele mesmo está dirigindo.

✻

Quando me sinto levado a interferir
na vida alheia,
tento perguntar a mim mesmo:
"Será que estou me concentrando na tarefa
que preciso cumprir?"
Quando minha prática de meditação está indo bem,
fico tão ocupado olhando para dentro de mim mesmo
que não tenho tempo de me preocupar com
os problemas alheios.
Mas quando não consigo me concentrar na minha
prática de meditação,
minha mente começa a divagar e perceber
os defeitos dos outros.
E eu logo vejo que eles são meus próprios defeitos
refletidos de volta para mim.
Ninguém me pediu que concentrasse a atenção neles.
Em momentos como esse,
relembro minha intenção original ao me tornar monge
e retorno à minha prática.

Capítulo Quatro

RELACIONAMENTOS

Como o mundo é interconectado
e interdependente,
a dor de um é sentida por todos nós.

NUM RETIRO ZEN

Ao contrário de agosto, quando o retiro de meditação do outono começou, em setembro fazia bastante frio pela manhã e à noite no mosteiro zen Bongam. Durante esse período de retiro, o mosteiro abrigava cem monges – pouco mais do que o normal –, que se reuniam para meditar por muitas horas, sentados em almofadas. Todos os dias, nos levantávamos às três da manhã, lavávamos o rosto e íamos para o salão para a cerimônia matinal. Enquanto andávamos para lá, eu costumava ser saudado pela luz das estrelas fluindo do limpo céu noturno. O ar refrescante do monte Huiyang e o ruído das corredeiras que cercavam o mosteiro ajudavam os monges a permanecerem alertas para o aqui e agora.

Durante esse retiro, fui voluntário para o *gansang*, que significa organizar à mesa os pratos preparados na cozinha para a refeição formal monástica chamada *baru gongyang*. Como eu era o mais velho dos sete na equipe de *gansang*, pediram que eu fosse o chefe. Os outros monges eram sinceros e cuidadosos e, quando chegava a hora, cumpríamos bem nossos deveres, num espírito de harmonia.

Mas um dia, quando estávamos ocupados nos preparando para o almoço, fui de súbito chamado por um monge mais velho, que me instruiu a deixar a equipe e varrer os degraus exteriores que saíam da cozinha. No momento em que escutei suas instruções, comecei a me perguntar por que essa tarefa tinha que recair sobre a equipe responsável por colocar a mesa. Todos estávamos claramente ocupados com nosso próprio trabalho; era falta de consideração do monge mais velho nos incumbir dessa limpeza extra também. E, é claro, ele devia saber que as pessoas não gostam que lhes digam para fazer algo além das tarefas que já devem cumprir. Se o estado dos degraus estava ruim a ponto de incomodá-lo, por que atribuir essa tarefa a outra pessoa? Ele mesmo podia ter limpado!

Depois de terminar todas as tarefas de organização das mesas para o almoço, varri os degraus sozinho, pensando que alguém como esse velho monge, que jogava qualquer tarefa que não gostasse para os mais novos, nunca deveria ter se tornado monge para começo de conversa. Porém, quando terminei de varrer os degraus, me dei conta de que tinha demorado menos de cinco minutos. Toda aquela angústia sem sentido por causa de uma simples tarefa; eu podia ter feito tudo sem ficar aborrecido. De repente fiquei envergonhado.

O QUE NOS AFLIGE não são tanto as circunstâncias em que nos encontramos, mas a energia que desperdiçamos resistindo a elas. Depois que realmente fazemos o trabalho, com frequência nos surpreendemos ao ver que ele não foi tão difícil quanto havíamos imaginado. Mas quando resistimos, nos preocupamos com um ciclo interminável de pensamentos negativos e, por isso, ficamos perturbados e estressados.

É claro que, se alguém abusa continuamente da sua boa vontade, você deve expressar seus sentimentos. Mas se estiver lidando com uma situação sobre a qual não tem controle ou que não pode fazer muito para mudar, então é melhor suspender seu monólogo interior, que só vai servir para deixá-lo irritado e aflito. O grande mestre zen Seongcheol (1912-1993) nos ensinou a alcançar a paz interior não alimentando os pensamentos negativos e aprendendo a aceitar as circunstâncias. Não precisamos sofrer mais ainda produzindo pensamentos desnecessários.

FIZ OUTRA PEQUENA descoberta que tinha a ver com a refeição monástica. Ao contrário do café da manhã e do almoço, o jantar no mosteiro é uma refeição informal, pois alguns monges escolhem não comê-lo para não ficarem sonolentos durante a sessão de meditação noturna. Pela sua informalidade, nos sentamos em volta de mesas simples em ordem de antiguidade monástica. Isso significa que todas as noites eu me sentava diante do mesmo monge. Infelizmente ele não era lá muito simpático, sempre com o rosto inexpressivo. No início, tentei interagir com alguns comentários e perguntas, esperando estabelecer uma conexão. Mas ele só dava respostas curtas e parecia incomodado com a minha conversa.

À medida que o retiro prosseguiu, eu me sentava em completo silêncio diante do monge, que era mais impassível que qualquer um na mesa de jantar. Isso me deixava desconfortável o tempo todo, me perguntando se havia algo específico em mim de que ele não gostava. Mas duas semanas depois, de repente me dei conta de uma coisa – por mais estranho que pareça, quando estava na biblioteca.

A BIBLIOTECA NO MOSTEIRO ZEN Bongam tinha sido construída havia pouco tempo, então só eu e outro monge íamos lá durante todo o tempo em que estivemos no retiro. E ainda assim, mesmo estando sentados na mesma mesa comprida, nunca trocamos nem um olhar sequer, quanto mais alguma palavra. Quando tomei consciência disso, me dei conta de que, sentado impassível na biblioteca, eu não era diferente do monge que se sentava em silêncio diante de mim durante o jantar. E embora eu devesse parecer indiferente ou impassível ao monge na biblioteca, isso não tinha nada a ver com algo de ruim que eu pudesse ter ouvido sobre ele ou alguma antipatia da minha parte. Eu estava apenas dedicando toda a minha atenção aos textos budistas que estava lendo; eu não pensava absolutamente nada sobre o outro monge, nem de bom nem de ruim. Será então que não era provável que o monge que se sentava diante de mim no jantar não tivesse nenhum sentimento específico em relação a mim?

Depois de três semanas no retiro, muito por acaso surgiu a oportunidade de tomar um chá com esse monge que se sentava na minha frente durante o jantar. Ao vê-lo cortar uma fatia de maçã e colocá-la diante de mim com um sorriso tranquilo no rosto, minha descoberta se confirmou. O comportamento de alguém pode não ser motivado por nenhum pensamento ou sentimento em particular, e ainda assim fazemos todo tipo de suposição, pensando: "Essa pessoa deve pensar isso e aquilo de mim." Mesmo que isso não passe de uma projeção da nossa ansiedade em outra pessoa, nos treinamos a não gostar dela e até odiá-la, acreditando piamente que nossas suposições são verdadeiras.

DEPOIS QUE NOSSA EQUIPE de *gansang* terminou de fazer a limpeza e de guardar as tigelas após o almoço, fomos dar um passeio por um campo de lindos pinheiros numa bela paisagem de montanhas. De repente um sentimento de gratidão e paz me dominou: eu estava livre de pensamentos e simplesmente apreciava tudo ao meu redor naquele momento. Ao contrário das frias manhãs de setembro, os dias ainda guardavam o calor do fim do verão.

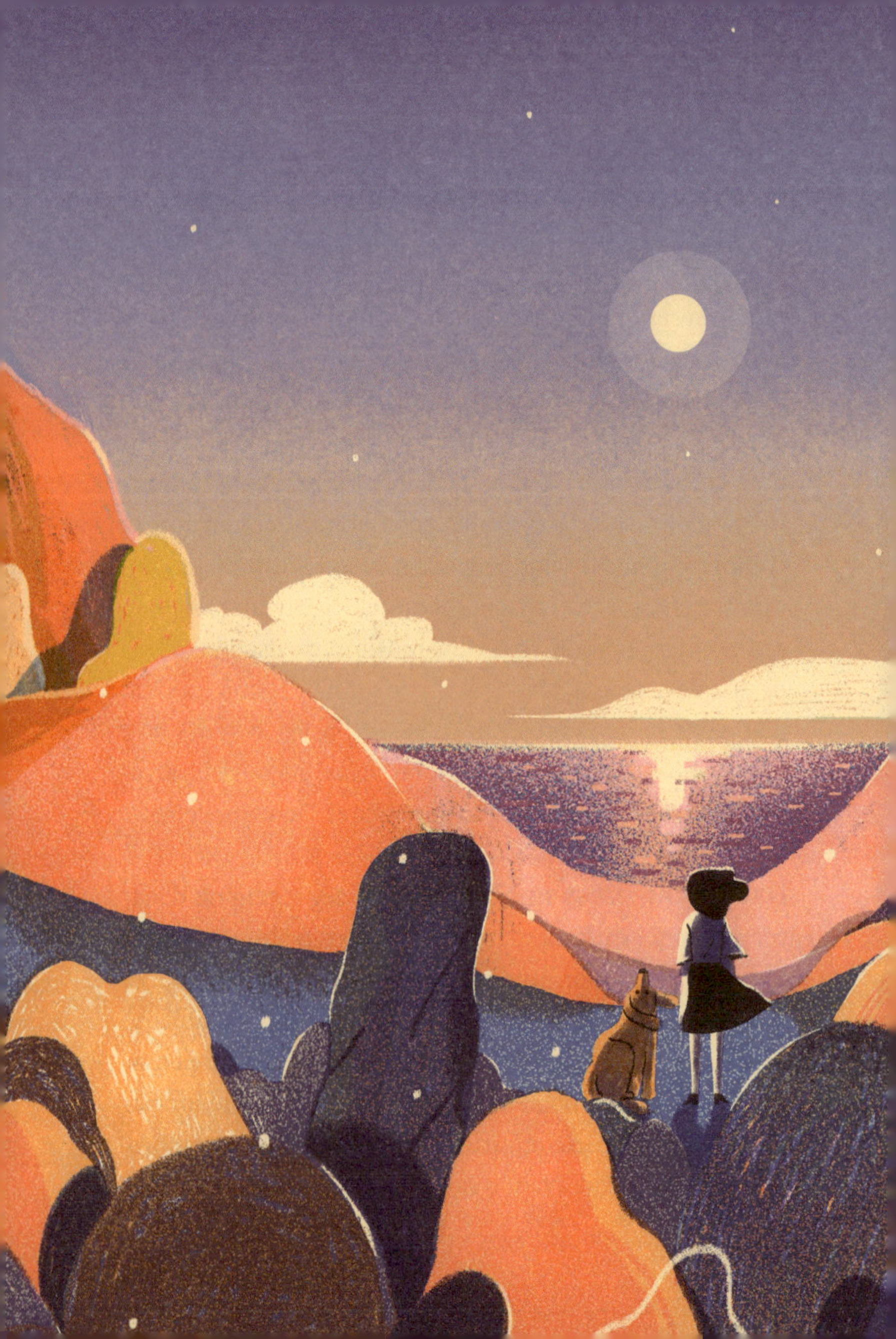

✳

Morar com familiares, amigos ou colegas
pode ser tão difícil quanto uma prática espiritual
e exige que se aja em consideração aos outros
renunciando aos próprios desejos ou moderando-os.
Não criticar quem vive de maneira diferente
e fazer um esforço para entender e aceitar os outros –
isso também é uma parte importante da prática espiritual.

✳

Há momentos em que supomos o pior
sobre alguém e cortamos relações para sempre.
Nessas ocasiões, pare por um instante.
Lute contra o impulso de ter a palavra final
e de causar um rompimento irrevogável,
para não acabar se arrependendo e pensando:
"Eu devia ter ficado com a boca fechada."

✳

Todos queremos nos encaixar.
É através das pessoas que gostam profundamente de nós
que encontramos amor e propósito na vida.
Afinal, todos somos seres imperfeitos que
necessitam uns dos outros.

✳

Se você estiver muito atraído por alguém,
não tente controlá-lo.
Tente apenas curtir o tempo que passam juntos.
Só assim poderá reencontrá-lo.
Quando você não tenta possuir alguém
e apenas curte sua companhia,
a conexão persiste.

✳

É melhor para duas pessoas
estarem igualmente atraídas uma pela outra.
Se uma delas gostar demais da outra, logo
poderá se tornar assustadora, desagradável e irritante.

✳

Duas pessoas podem ter uma ótima primeira
impressão uma da outra,
para logo em seguida o relacionamento dar errado.
Em vez de se verem
por quem são,
elas só viram uma fantasia
que projetaram uma na outra.

✳

Se você tem um amigo de quem
se tornou muito próximo de repente, tenha cuidado!
Se cometer um erro, esse amigo
pode facilmente se tornar um inimigo.
Quando duas pessoas são tão próximas
que sentem que não há nada que não possam dizer,
elas facilmente podem magoar uma a outra.

※

Se você se torna próximo de alguém muito rápido
e vocês começam a passar muito tempo juntos,
podem deixar de se gostar tão rápido quanto.
Você pode começar a sentir que
o outro está prendendo você
ou que não o valoriza.
Desenvolver confiança e afeição leva tempo.
Espere até realmente estarem com saudade um do outro
para voltarem a se encontrar.

※

Pessoas que não fazem um esforço sequer
para formar ou manter um relacionamento,
achando que o que tiver que ser será,
costumam continuar solteiras.
A pessoa para quem você está "destinado"
não vai aparecer um dia de repente,
batendo à sua porta,
como no filme francês *O fabuloso destino de Amélie Poulain*.
Não é possível virar presidente
sem fazer campanha,
mesmo que se tenha uma grande chance de ganhar.
Um bom relacionamento nunca vai surgir
sem esforço.

✳

Você gosta de alguém,
mas ele não gosta de você;
ele gosta de você, mas você acha que ele é
só mais ou menos;
vocês gostam um do outro, mas as pessoas
ao redor atrapalham.
Se vocês não desistirem e continuarem se esforçando,
na época certa, o relacionamento vai acontecer.

✳

"Sunim, finalmente entendi.
A chance de sucesso em conhecer a pessoa certa
é de dez para um.
Só depois de conhecer nove pessoas,
aparece aquela de quem você gosta
e que gosta de você também."

✳

Talvez não exista isso de "alma gêmea".
Só quando vocês se esforçam para fazer o
relacionamento dar certo
e ficam juntos por muito tempo
é que cada um se torna a pessoa
com quem o outro deveria estar.

✳

Se há alguém que você ama de verdade,
sussurre isso para essa pessoa hoje à noite.
Eu te amo mais do que a mim mesmo.
Eu te amo mais do que ontem.
Você é o ponto de partida do meu coração a cada manhã.

✳

Quando você enfim consegue se encontrar com alguém
depois de tentar por uma semana ou um mês,
o encontro é significativo
na mesma proporção do tempo que precisou esperar.
Neste mundo acelerado, onde tanta coisa
é feita de imediato,
quando é preciso esperar o suficiente para
ficar na expectativa,
o momento com a outra pessoa se torna muito especial.

✳

Quando você gosta de alguém de verdade,
não dá a desculpa de que está ocupado.
Não importa quão ocupado esteja,
você encontra um tempo mesmo assim.
Se o outro constantemente dá desculpas,
deixe-o ir.
Você merece mais que isso.

✳

Depois de todo encontro você sente certa mágoa?
Por que você acha que isso acontece?
Será que é porque você gosta mais da pessoa do
que ela de você?
Se é esse o caso, distancie-se um pouco
e volte sua atenção para o trabalho.
Se for um relacionamento verdadeiro, a pessoa vai
voltar para você.

✳

Não há nada mais tolo
do que ficar obcecado por alguém que não gosta de você
e acreditar que pode fazer a pessoa mudar de ideia.
Por favor, deixe-a ir.
Se fizer isso,
outra pessoa vai entrar na sua vida.

✳

Foi muito doloroso terminar com ele ou com ela, não é?
Mas, olhando para trás, com a cabeça fria,
você sabia desde o início
que vocês não eram compatíveis.

✳

Quanto maior a expectativa que você tem
para um relacionamento,
maior a probabilidade de ele dar errado.
Quando um relacionamento parece difícil,
analise-o de perto.
Será que um de vocês está com expectativas demais?

✶

Se você for pensar:
"Por que ele não faz por mim
tanto quanto eu fiz por ele?"
Então, para começo de conversa, não faça.
Ou só ofereça algo pelo qual não vai esperar
nada em troca.
Se você sentir a necessidade de retribuição,
o relacionamento vai começar a parecer incômodo.

✶

Podemos ser magoados por familiares e amigos
porque contamos com eles em excesso
ou eles estão envolvidos demais com a própria vida.
Exigir demais ou receber
exigências demais não é saudável.
Um relacionamento deve ser cuidado como uma chama:
se alguém se aproximar demais, diga-lhe para
dar um passo atrás.

✳

A obsessão parece muito com amor.
Mas obviamente não é amor.
Com a obsessão, ao contrário do amor,
você sente o desejo egoísta e sutil
de manipular a outra pessoa
de acordo com as suas vontades.
Enquanto o amor deixa a outra pessoa ser quem é,
a obsessão busca o controle.

✳

Quando surgir um problema num relacionamento,
não se limite a trincar os dentes e suportar a situação.
Reconheça que a outra pessoa
pode ser diferente de você
e permita que ela seja.
Até irmãos que cresceram na mesma casa
têm diferentes hábitos e pontos de vista.
Não lhe diga para se ajustar a você;
abra espaço para a diferença.

✳

No início você achou a pessoa interessante
e até empolgante por ser diferente de você.
Agora aquela diferença é exatamente
o que torna o relacionamento difícil, não é?

※

Você passou a odiar
aquele que amava tanto.
Num momento como esse, reconheça
quanto o amor é efêmero,
quão escorregadios são os caprichos do coração,
quão condicional o amor pode ser.

※

Lembre-se disto:
Todas as inquietações que o amor traz com ele –
o desprezo e o ciúme, a saudade e a tristeza,
até o ódio e o arrependimento –
são apenas passageiros no mesmo navio.

*

A maneira como alguém fala
sobre os outros relacionamentos que teve
antes de conhecer você
mostra como vai falar
de você para as outras pessoas
toda vez que o relacionamento encontrar
o menor dos obstáculos na estrada.

Não pense sobre si mesmo como uma luz crescente
à espera de alguém que preencha a parte que está faltando em você.
Quando ficar sozinho como uma lua cheia,
já completa em si mesma,
vai conhecer outra pessoa que já é plena e completa como você,
e entre vocês dois um relacionamento saudável pode surgir.
Não tentem se encaixar um no outro
para criar uma lua cheia.
Em vez disso, sejam mais como duas luas cheias.
Vocês vão respeitar a individualidade e os interesses um do outro
e ao mesmo tempo criar um relacionamento em que cada um
projeta o próprio brilho no outro.

COMO LIDAR COM A DECEPÇÃO

Quando perguntam "Qual é a coisa mais difícil na vida?", muita gente responde: "Os relacionamentos." Como são necessárias duas pessoas para formar relacionamentos – que, por sua vez, podem ser facilmente atrapalhados por terceiros –, é complicado cuidar deles. Na minha experiência, mesmo aqueles fortes por muito tempo pareciam se desgastar quando, sem saber por quê, eu começava a ficar decepcionado com a outra pessoa. Toda vez que me sinto assim, se não lido com esse sentimento, ele sempre volta e acaba prejudicando o relacionamento. Em outras palavras, a decepção é como uma luz de advertência me dizendo que, se eu não fizer nada para resolver o problema, o relacionamento pode acabar.

Mas ao contrário de outras emoções, é difícil expressar a decepção: ela soa mesquinha e tacanha, porém, se eu a mantenho guardada, ela só piora. E tudo isso torna difícil fazer uma coisa ou outra. Quando estamos deprimidos, podemos ao menos pedir ajuda. Quando estamos tristes, podemos chorar. Porém, quando estamos decepcionados, o sentimento é mais difícil de expressar porque precisamos explicá-lo à pessoa que nos decepcionou.

Quem me procura para pedir conselho sobre essa questão descreve a própria experiência de decepção de variadas formas. Quando os pais não cumprem o que prometeram, os filhos ficam decepcionados – digamos que o pai tivesse que levá-los para brincar ou assistir a uma apresentação na escola e tenha esquecido. Muitos pais com quem falei me contaram que se sentem decepcionados por serem tratados pela esposa e pelos filhos como se fossem invisíveis. O mesmo sentimento surge na esposa quando o marido não fica a seu lado num desentendimento com os sogros ou com amigos. Um jovem ou uma jovem num relacionamento pode se decepcionar quando o outro, antes tão atencioso, aos poucos se torna indiferente e nem responde mais quando lhe fala. Funcionários de um escritório podem ficar decepcionados também, quando colegas ou subordinados não respeitam as ideias deles ou quando um chefe não lhes diz nada sobre o projeto em que eles ficaram trabalhando até tarde.

Nossos sentimentos de decepção vêm das expectativas não cumpridas que nutrimos em relação a outra pessoa. Em geral, elas não são ditas e, ainda assim, esperamos que o outro as adivinhe com base em deixas não verbais e se comporte do jeito que queremos. Quando isso não acontece, ficamos frustrados e temos vontade de gritar: "Será que tenho que explicar tudo o tempo todo? Por que você não pode descobrir o que eu quero simplesmente olhando para mim e para a minha situação?" Mas é óbvio que é difícil saber com exatidão o que outra pessoa espera se ela não nos disser. Sem o poder da telepatia, como poderíamos saber quais são as expectativas do outro?

Quando não expressamos nossa decepção, ela começa a se acumular e se transforma em uma emoção mais problemática, como raiva, mágoa ou mesmo perda de confiança, e podemos guardar ressentimentos. Então é melhor falar sobre ela do que deixá-la acumular dentro de você. E quando for expressá-la, é preciso ter cuidado para não fazê-lo com agressividade nem na forma de crítica à outra pessoa – ou numa ocasião em que o outro esteja zangado. Em vez disso, espere até que vocês dois estejam calmos e tranquilos e fale apenas sobre como está se sentindo no momento, e não sobre algo que tenha sido feito ou dito anos atrás. Pode parecer esquisito no início, mas depois de um pouco de prática você será capaz de parar de reprimir esses sentimentos e de falar com tranquilidade, sem prejudicar o relacionamento.

Por fim, se você parece ficar decepcionado com mais frequência que os outros, está na hora de olhar mais de perto para si mesmo. Quando se sentir assim e perceber que era porque estava esperando algo de outra pessoa, tente descobrir por que você depende dos outros para fazê-lo feliz. Por que você confia tão pouco em si mesmo? Será que isso tem a ver com a forma como você foi criado ou com algum trauma do passado? Você sente uma grande necessidade de ganhar aprovação e atenção dos outros? Se geralmente fica decepcionado consigo mesmo, pergunte-se por que se cobra tanto. Será que as suas expectativas são razoáveis? Quando você se compreender melhor, é provável que comece a achar mais fácil lidar com a decepção e aprenda a se aceitar e a amar a si mesmo.

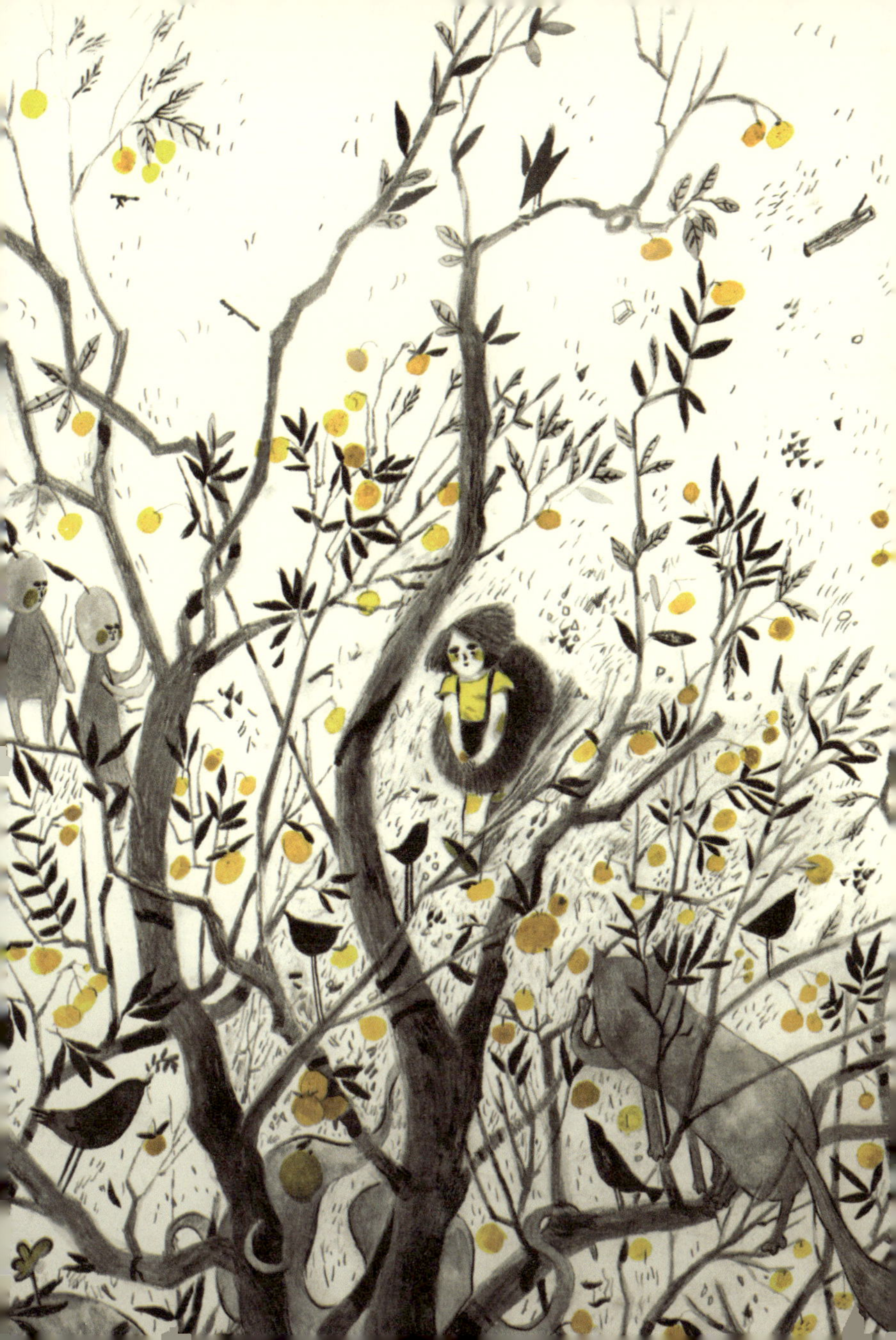

✳

Tente expressar seus verdadeiros sentimentos.
Mesmo que a outra pessoa fique magoada no início,
mais cedo ou mais tarde ela vai ficar grata
em saber a verdade.
A verdade é libertadora
tanto para quem a expressa
quanto para quem a escuta.

✳

Amigos de verdade e bons colegas
não são aqueles que só lhe dizem coisas agradáveis.
Quando estiver claro que você cometeu um erro,
eles vão lhe dizer que você está errado.

✳

Não reclame que alguém não
atendeu a todos os seus desejos.
O real problema deve ser a sua expectativa
de que os outros devem se adaptar a você.
A pessoa que sempre se adapta a você?
Esse santo não existe no mundo.

✳

Grande parte do estresse nos relacionamentos
vem da falta de comunicação.
Se pararem de falar um com o outro,
o coração de vocês vai se distanciar um do outro
e haverá mal-entendidos.
No relacionamento com familiares, parceiros e amigos,
não importa quão zangado você esteja,
não deixe a corda da conversa
se afrouxar por muito tempo.

✻

Às vezes, alguém quer conversar
e você não lhe dá atenção.
Mas quanto mais isso se prolongar,
mais o problema vai piorar.
E existem ocasiões em que você
evita falar com alguém de propósito
e o outro nem nota.
No fim, você é o único que sofre.
Para o seu próprio bem, comece a falar.
Ficar em silêncio quase nunca funciona.

✻

Um bom trabalho e dinheiro são importantes
para o seu bem-estar.
Mas quando nossos relacionamentos são harmoniosos
e nos sentimos valorizados e aceitos,
ficamos mais tranquilos e contentes.

✻

Em geral nos sentimos mais felizes quando
nos esquecemos de nós mesmos.
Quando sentimos gratidão por alguém,
pensamos nessa pessoa, e não tanto em nós mesmos.
Quando curtimos dançar, nos perdemos na dança.
Mas quando estamos constantemente
pensando em nós mesmos,
nos tornamos acanhados demais e até egoístas.

✻

Lembre-se de alguém a quem você se sentiu
grato recentemente.
Envie-lhe um e-mail de agradecimento agora mesmo.
Enquanto estiver escrevendo,
você vai notar uma sensação de calor e
felicidade no coração.
E se esperar um pouco,
em breve vai receber uma resposta
que com certeza vai fazer você sorrir.

✳

Se comprar um calendário para o ano que vem
ou um diário,
escreva o nome de cada pessoa
de quem você é próximo ao lado da data de
aniversário dela.
E quando o aniversário dela chegar,
entre em contato para lhe desejar coisas boas.
A raiz da felicidade
está em relacionamentos profundos e duradouros.

✳

Eu não acho que a vida tenha algo grandioso
guardado para mim.
As interações do dia a dia com as pessoas
são a própria substância da vida.
Portanto tenho que tratar aqueles à minha
volta como preciosidades,
pois, além de mim,
eles são os personagens principais da minha
história de vida.

✳

No fundo, desejamos ir além do nosso ego
e sentir que somos um com o universo.
É por isso que compartilhar me faz feliz –
aumenta minha sensação de conexão.
Então, se você quer ser feliz e mais conectado,
em vez de acumular coisas, deixe-as circular de volta
para o universo e veja o que acontece.
Algo novo e bom vai fluir de volta para você.

✳

Se você quer ser excelente num relacionamento,
a maneira de fazer isso é muito simples:
dê mais do que recebe.
Quanto mais recebemos, mais sentimos
gratidão e gostamos da pessoa.

✳

Se você quer um relacionamento mais harmonioso,
pare de monitorar quem deve o quê.
Se constantemente pensa
"por que o outro não me deu tanto quanto eu dei a ele?",
você está com frequência obstruindo
o fluxo natural do seu relacionamento.

✳

Antes de pedir um favor a alguém,
o sábio pensa em
como ajudar a outra pessoa primeiro.
O tolo pede um favor de forma descuidada.
Ele fala sobre as pessoas poderosas que conhece,
tenta fazer você se sentir na obrigação de atendê-lo
ou simplesmente implora sem parar.

✳

Se o outro não pediu a sua ajuda,
não tente resolver o problema dele.
Apesar de sua intenção ser boa,
você corre o risco de lhe tirar o controle das mãos
e prejudicar a autoestima dele.

✳

Quando surgir um conflito na família,
não escolha um lado;
apenas escute o que as partes têm a dizer.
Senão você só vai piorar o problema
e arriscar magoar um familiar sem querer.

Se as suas circunstâncias atuais são estressantes,
tente visualizar isto:
as suas circunstâncias são um furacão
e você está no olho da tempestade.
Não seja arrebatado por ela.
Siga a sabedoria
que emana do olho tranquilo da tempestade.

✳

A razão pela qual pensamos que somos
melhores que os outros
é aquele complexo de inferioridade que ainda está à
espreita dentro de nós.
O complexo de superioridade só existe
por causa do complexo de inferioridade.

✳

Ao longo da vida, encontramos pessoas
que agravam nosso complexo de inferioridade:
o amigo mais bem-sucedido na carreira,
o colega mais bonito e com melhor formação,
os cunhados com muito mais dinheiro.
Mas olhe para além desses sinais exteriores.
Pessoas que parecem mais bem de vida
têm outras dificuldades,
trazidas pelas mesmas coisas
que você inveja nelas.

✳

O verdadeiro eu de alguém não pode ser conhecido
pelas coisas que são fáceis de julgar,
como aparência física, formação acadêmica,
título profissional, etc.
Essas coisas não nos dizem se a pessoa é
bem-humorada, bondosa, atenciosa, se cumpre
as próprias promessas,
se é generosa em relação aos subordinados e
os menos afortunados.
Apenas quando sabemos esse tipo de coisa
podemos entender quem as pessoas realmente são.

✳

Você pode impressionar alguém com palavras
à primeira vista,
mas, sem ações para apoiá-las,
o bom sentimento não pode durar.

✳

Quem é infeliz?
A pessoa que olha os outros e só enxerga
os defeitos deles.

✳

Quando escutamos alguém contando uma história
sobre outra pessoa,
em muitos casos é revelado mais sobre quem
está falando do que
sobre aquele de quem se fala.
De todos os atributos que formam uma pessoa,
foram essas as características que
capturaram a sua atenção.

✳

Se alguém que nunca o conheceu
fala isso ou aquilo sobre você,
lançando comentários com facilidade,
então está claro o que de fato está acontecendo:
a pessoa está apenas conjecturando.

✳

Quando tentamos fazer críticas
a alguém que todo mundo conhecia,
um monge mais velho se levantou e disse:
"Qual é o sentido de falar sobre alguém
que não está aqui?"

✳

Há ocasiões em que uma história
que começa com "Isto é segredo..."
não é realmente um segredo ou não é um
segredo seu para você contar.
No primeiro caso, você está esperando ganhar
a confiança do ouvinte.
No segundo, você deve querer sentir
o prazer do desabafo.

✻

Quando você está com um amigo,
vocês acabam fazendo fofoca sobre celebridades;
com outro, vocês falam de dinheiro;
com outro, de política;
e ainda com outro, de espiritualidade.
Isso é porque
"você" não é fixo,
mas muda de acordo com o momento,
dependendo de quem está junto.
À luz disso,
cultive uma conexão mais profunda com aquelas pessoas
em cuja companhia você gosta mais de si mesmo.

✻

Sushi fica mais gostoso com uma xícara de chá verde.
Se você comer tomando Coca-Cola,
o gosto já não fica tão bom.
A combinação certa é o segredo do sucesso.

*

Quando passar por algo profundamente injusto,
faça uma reclamação formal ao menos uma vez,
no máximo duas,
para que aquilo não aconteça com outras pessoas.
E então deixe toda a questão para lá o
mais rápido possível.
Porque, se você se agarrar a essa memória,
pode deixar passar novas oportunidades e experiências.
Com o coração renovado, concentre-se no presente,
não no passado.

*

Problemas de relacionamento são difíceis de resolver.
É improvável que ele mude para agradar você;
ela não vai perdoar tão rápido
toda a mágoa acumulada.
Parece que tudo que podemos fazer
é tentar entender a outra pessoa –
as circunstâncias de que não tínhamos conhecimento
e que as faz agir da forma como ela age.
O problema não desaparece
assim que você resolve as coisas,
mas, à medida que chega a algum grau de entendimento,
você descobre que seu próprio coração está
mais suave e mais aberto do que antes.

Capítulo Cinco

CORAGEM

Quando as ondas de uma situação difícil se aproximarem,
não tome nenhuma atitude desesperada.
Em vez disso, vá para um lugar tranquilo
e se demore no silêncio dentro de você.
Quando a sua mente toca seu silêncio profundo,
você se dá conta de que tem força e sabedoria
interior suficientes
para seguir em frente.

PARA MEUS QUERIDOS AMIGOS JOVENS

Meus queridos e amados amigos jovens, toda vez que vejo seus ombros caídos, toda vez que escuto sua voz desanimada, meu coração dói. Como vocês estão? Tiveram outro dia difícil na escola ou no trabalho? Parece que ninguém lhes contou que, se forem corajosos, poderão criar o próprio destino; decidir que tipo de vida gostariam de levar depende só de vocês. Em vez disso, pais e professores disseram que vocês devem apenas seguir a norma e fazer o que o mundo espera que façam. Se você revela que quer se tornar músico ou artista, se quer viajar o mundo, se quer ter um relacionamento sério, é capaz de ouvir: "Agora não é o melhor momento. Você deve se concentrar nos estudos." Quando entrou na faculdade, você pensou que finalmente podia ter a vida que queria. Mas aí o que aconteceu? Aconselharam-no a se preparar para a sua carreira. Você teve que se inscrever em estágios de verão e estudar para exames de qualificação. E mais uma vez foi bombardeado com razões para adiar a própria vida.

Ficamos acostumados a sacrificar o presente pelo bem do futuro. Consideramos óbvio que o presente deve ser apenas aturado até aquele futuro brilhante chegar um dia. Não nos damos conta da importância de curtir a jornada ao valorizarmos somente o ponto de chegada. Mas, ao longo da vida, surge um momento em que começamos a duvidar se este presente que estamos suportando algum dia vai mesmo nos levar ao futuro dos nossos sonhos. Mesmo que o sonho se realize, terá valido a pena sacrificar nossos relacionamentos, nossa saúde e nossa felicidade para alcançá-lo? E se o sonho que alcançarmos nunca tiver sido nosso, mas dos nossos pais e professores? E se estivermos apenas medindo a nós mesmos pelos parâmetros de sucesso da sociedade?

Mesmo que tenhamos sorte suficiente para conseguir um emprego na empresa que sonhamos, vamos começar de um cargo mais baixo e será difícil encontrar colegas mais experientes que valorizem nossos pontos de vista. É natural que não façamos tudo certo de saída, pois ainda estamos aprendendo. E quando não sabemos como fazer alguma coisa, queremos que nossos colegas nos ensinem pacientemente – mas eles sempre parecem irritados e nos repreendem pela nossa incompetência. Então logo passamos a duvidar se somos a escolha certa para esse trabalho, se temos mesmo que dedicar a vida inteira a esse lugar só para trazer orgulho aos nossos pais.

Eu NÃO ERA muito diferente de vocês. Na verdade, quando estava no ensino médio, vivia deprimido e infeliz. Haviam me falado que, se fosse aceito numa faculdade, eu seria visto como um sucesso pelos meus familiares e amigos. Seria respeitado pela sociedade e teria um bom emprego esperando por mim. Eu ansiava por esse reconhecimento e respeito. Minha família sempre tinha sido pobre e eu pensava que poderia mudar isso se apenas estudasse o bastante e me dedicasse aos deveres escolares com mais afinco do que as pessoas ao meu redor. E apesar de não ser uma vida tão ruim assim, quando olho para trás e me pergunto o que realmente alcancei por ter estudado tantos anos para o meu doutorado, a resposta honesta nada mais é do que a decepção com a vida acadêmica – e com o fato de que as respostas às minhas perguntas sobre os mistérios da vida não podem ser encontradas na academia. Nesse sentido, você poderia dizer que meu maior ganho foi descobrir que eu não estava vivendo a vida que esperava.

Muitas pessoas me perguntam: "Como você tomou coragem para virar monge?" Bem, eu não queria continuar a desperdiçar a minha vida me perguntando se ela se encaixava em alguns dos critérios socialmente determinados para o sucesso. Eu me cansei de tentar satisfazer as expectativas das outras pessoas. Em vez disso, queria descobrir por mim mesmo a resposta para perguntas como "Por que eu nasci?" e "O que vai acontecer quando eu morrer?". Eu ansiava por experimentar a iluminação segundo o que o Buda ensinava. Queria meditar mais e levar uma vida simples com pessoas que pensavam como eu. De um ângulo, minha decisão pode parecer autocentrada, mas, de outro, pode parecer corajosa. Porém só uma vez, por apenas um momento na minha vida, eu precisava tentar levar uma vida sem arrependimento. Mesmo que outros me ridicularizassem e zombassem da minha escolha, só tendo feito o que fiz consigo olhar para mim mesmo e dizer com confiança que amei a minha vida.

MEUS AMADOS AMIGOS JOVENS, está tudo bem em viver a vida que vocês querem. Vocês têm permissão para criar o próprio destino, livre das expectativas dos seus pais e da sociedade. Vocês podem viver a vida que acham que tem sentido. Mesmo que as pessoas ao redor tentem dissuadi-los, dizendo que não podem, que não devem, que não vai funcionar... Elas não estão vivendo a vida no lugar de vocês, não é? Muita gente que tenta trilhar o próprio caminho e desbravar novos territórios enfrenta grande oposição. Se o seu coração tímido se perguntar "Será que está mesmo tudo bem?", tenha a coragem de sorrir para ele e dizer com firmeza: "Sim, está!" Mesmo que fracasse, você vai aprender com os seus erros e tentar fazer diferente na próxima vez. Além disso, é melhor fracassar enquanto ainda é jovem. Contanto que esteja preparado para assumir a responsabilidade pelas consequências de suas escolhas, você pode seguir o seu coração. Você não ia gostar de agarrar o leme da sua vida e viver como mestre do seu destino? Espero que consiga se livrar dos limites autoimpostos e descobrir a coragem para finalmente mudar a sua vida.

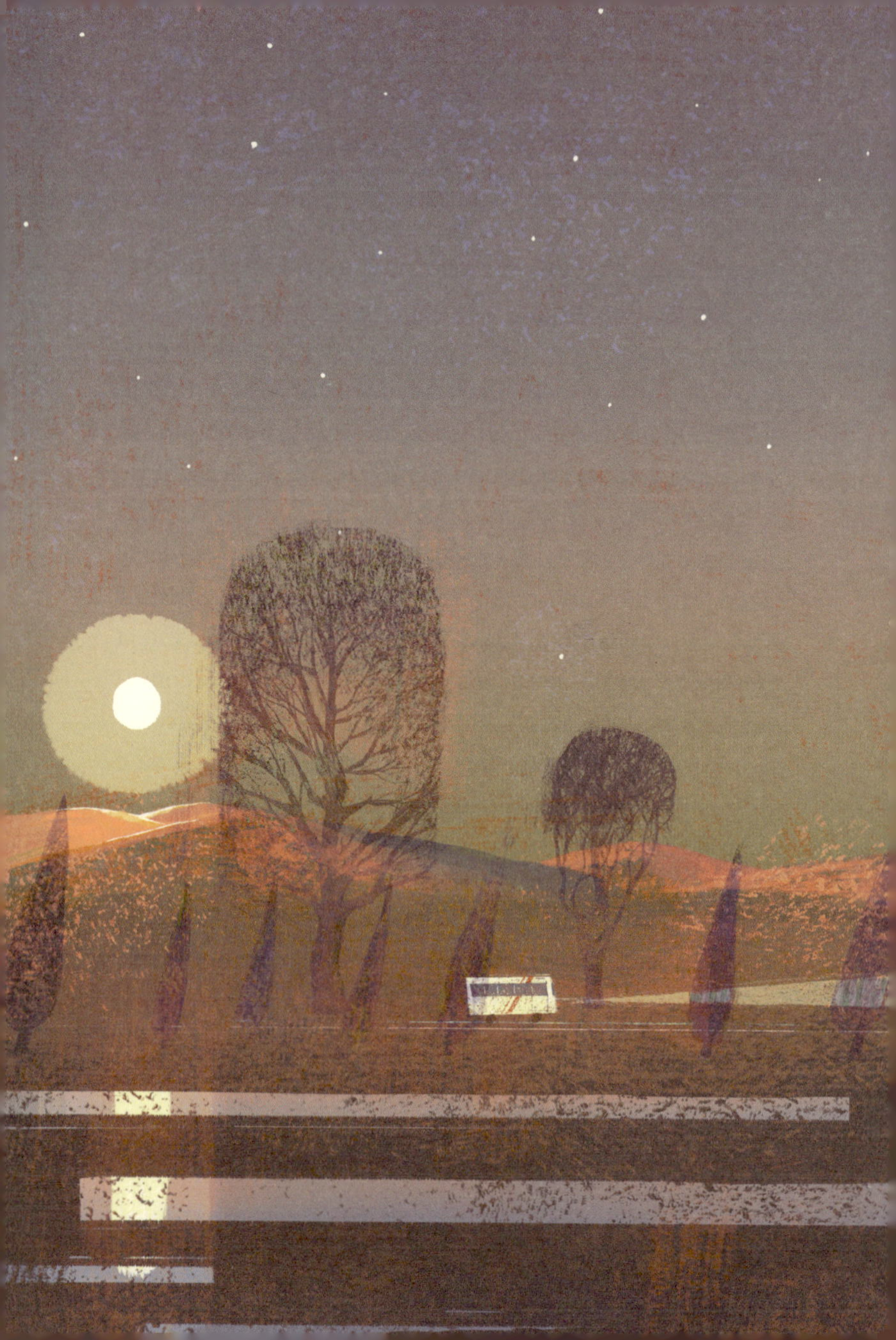

✳

Há momentos, quando as coisas vão bem para você,
que as pessoas lhe oferecem conselhos não
solicitados em nome do amor.
Elas lhe dizem para pensar na segurança financeira,
no casamento, no futuro.
Nessas horas, não se deixe abalar. Apenas
continue no caminho
que escolheu, como a obstinada marcha dos elefantes.

✳

Não suponha que outro ônibus vai vir.
Às vezes a rota terá mudado
e você nunca terá outra chance
de pegar o ônibus que perdeu.
Se uma oportunidade lhe é apresentada, não
ceda ao medo.
Tome coragem e entre naquele ônibus.

✳

Se você esperava que alguém aparecesse
para mudar a sua vida,
e ainda não apareceu ninguém, não espere mais.
É provável que isso signifique que você precisa
se tornar essa pessoa para si mesmo.
Quando tiver vontade de depender de outra pessoa,
lembre-se:
dentro de você mora um ser muito mais forte e sábio
do que você imagina.

✹

Pergunte a si mesmo:
Quais são os valores que guiam a minha vida?
O que quero alcançar?
Se a resposta estiver clara, você pode viver com mais
confiança,
sabendo qual é a direção da sua vida
e que não está apenas seguindo o rebanho,
com imprudência.

✹

Se simplesmente seguir a multidão
sem tentar descobrir
o que quer fazer de fato,
é provável que termine batalhando para ter sucesso
numa profissão altamente competitiva.
Então, depois de muitos anos de estresse e dificuldade,
você pode ficar deprimido por continuar a se dar mal em
audições, entrevistas de emprego ou testes de qualificação.
Existem mais de 30 mil tipos
de trabalhos no mundo.
Se quer ser bem-sucedido, tenha maior consciência
de seus valores, interesses, pontos fortes e limitações
e explore profissões para além daquelas com as quais
tem familiaridade.
Você não vai se arrepender de investir tempo em fazer isso.

✳

Quando tentar aprender algo novo,
você inevitavelmente vai se sentir
envergonhado no processo.
Não importa quanto seja respeitado na sua área,
você vai ser tratado como uma criança
e corrigido toda vez que fizer errado.
Se não suportar cometer erros,
nunca vai ser capaz de aprender uma língua estrangeira,
um esporte, um instrumento musical,
a dirigir ou cozinhar.

✳

Se não estiver com vontade de estudar,
comece pela matéria de que mais gosta.
Se uma refeição não parecer apetitosa,
comece pelo que parecer mais gostoso.
Não tem problema começar um livro
pelo capítulo que você mais quer ler.
Começar costuma ser a parte mais difícil.
Depois de começar,
se torna muito mais fácil continuar.

✳

Novas ideias com frequência vêm das margens,
de onde as pessoas questionam e desafiam
as normas estabelecidas pela tendência dominante.
Em vez de lamentar o fato de ser um peixe fora d'água,
use sua posição única em benefício próprio
e crie algo original e interessante.

※

Michel Foucault, Jacques Derrida, Edward Said –
celebrados pensadores do século XX –
começaram a vida sofrendo discriminação.
Michel Foucault era gay.
Jacques Derrida era da Argélia.
Edward Said era um palestino no Egito
com passaporte americano.
Em vez de verem seu status como uma desvantagem,
eles usaram seus pontos de vista únicos
para revolucionar a filosofia ocidental.

※

Pensamento em excesso não vai
solucionar um problema.
Em vez de tentar consertar as coisas pensando,
deixe a mente à vontade.
Uma solução vai vir à tona.
Lembre que a sabedoria vem da imobilidade.

✳

Quando tiver muito com que se preocupar,
pergunte a si mesmo: "Estou resolvendo
alguma coisa me preocupando?"
Por causa das preocupações,
você está perdendo o presente?
Se a preocupação não está adiantando,
diga à sua mente ansiosa:
"Se o que está me causando preocupação acontecer,
aí sim vou me preocupar!"

✳

Você está sofrendo por ansiedade?
Tente priorizar as preocupações anotando-as.
Se alguma coisa que o estiver afligindo
não tiver acontecido ainda,
coloque-a no fim da lista.
Só se preocupe com os problemas que estiver
enfrentando agora mesmo;
de resto, você pode cruzar aquela ponte quando chegar lá.

✳

Pensar demais pode dificultar a atitude.
Se simplesmente fizer, então está feito.
Mas se se entregar ao pensamento,
a sua mente vai ficar no caminho,
dizendo que você "não consegue", "não deve", "não quer".
Nesse caso, acorde cedo na manhã seguinte
e simplesmente faça aquilo que está adiando.
Se der a si mesmo algum tempo para começar
a pensar a respeito,
a falta de ação vai tomar conta outra vez.

✳

Mesmo que não tenha ficado perfeito,
deixe isso de lado e passe para a próxima tarefa.
A ideia de "perfeição" só existe na sua mente
e pode não ser a mesma para todo mundo.

✳

Antes de um exame ou de uma entrevista,
lembre sempre:
você sabe muito mais do que pensa.
Seu inconsciente contém um oceano de sabedoria.
Tenha confiança em si mesmo.

✳

Faça uma distinção entre as coisas que você pode
controlar e as que não pode.
Por exemplo, o passado não pode ser desfeito.
Não se pode controlar o que outras
pessoas pensam a seu respeito.
Mas você pode controlar o que está fazendo agora.
A maneira de estar livre de preocupações e de ansiedade
é concentrando sua atenção no momento presente.

※

Não tenha medo de cometer erros.
Tenha medo apenas de não aprender com eles.
Um especialista é alguém que adquiriu habilidades e
conhecimento
cometendo muitos erros.

Minha juventude foi a época mais difícil para mim.
Eu tinha sempre que provar meu valor
porque a geração anterior me via
apenas como alguém jovem e inexperiente.
Mas existe uma luz no fim do túnel.
Ela vai se revelar não de súbito, mas aos poucos.
Não desanime. Com certeza as coisas vão melhorar.

O PRIMEIRO FRACASSO

"Haemin Sunim, não entrei numa boa faculdade. Estou com muita vergonha do fracasso que eu sou. Não sei o que fazer."

"Passei o ano inteiro me preparando para o exame da ordem dos advogados, mas não passei, enquanto muitos amigos meus passaram. Eu deveria tentar de novo, mas estou com vontade de simplesmente desistir."

"Larguei meu emprego e abri uma loja, mas as coisas não saíram como o esperado. Eu quase não tinha clientes, então tive que fechar depois de seis meses. Não tenho coragem de contar para a família e cheguei ao fundo do poço em termos financeiros. Isso está me deixando deprimido e assustado."

O primeiro fracasso sempre é incrivelmente doloroso. E quase ninguém está preparado para isso. A prova é muito difícil, mas, de algum jeito, achamos que vamos passar. Ou, apesar de a economia não estar indo muito bem nesses últimos tempos, pensamos que, se trabalharmos duro, a loja vai ser um sucesso. Mas somente ao fracassar nos damos conta de que não tínhamos um plano b. Sobretudo para quem aposta todas as fichas em alcançar determinado objetivo – apenas para acabar não conseguindo –, o futuro pode parecer muito desolador. Se a jornada de vida da pessoa foi sem sobressaltos até aquele ponto, o fracasso vai ser como acordar para uma dura realidade.

Mas o fracasso está fadado a acontecer muitas e muitas vezes ao longo da vida. E haverá incontáveis planos que não vão sair como esperávamos. Em outras palavras, essa é uma experiência muito comum, apesar de não parecer. É importante não ficar se criticando nem considerar a vida um grande fracasso. Em vez disso, devemos aceitar o fato de que as coisas não deram certo desta vez e examinar com cuidado para descobrir o que fizemos de errado. Depois de ter uma compreensão clara do que aconteceu, podemos tomar a decisão de evitar cometer os mesmos erros e seguir em frente. Senão, há uma grande chance de que voltemos a fracassar exatamente do mesmo jeito.

PODE PARECER BOBO pensar num monge com dificuldade para encontrar um emprego, mas passei pelo meu primeiro grande fracasso quando estava começando a dar aulas nos Estados Unidos. Depois de terminar o doutorado, me candidatei para trabalhar em várias faculdades e universidades; felizmente, em seis delas, passei tanto na primeira etapa da seleção, de análise dos documentos, quanto na segunda, uma entrevista por videoconferência. Para a última etapa, fui convidado a visitar cada campus por dois dias para participar de entrevistas e me apresentar aos alunos e aos professores. Para minha infelicidade, entre as seis, a faculdade onde eu mais queria trabalhar foi a primeira a me rejeitar após a entrevista. Eu nunca tivera um fracasso como esse até então e fiquei profundamente magoado e frustrado. Embora ainda tivesse outras três entrevistas presenciais marcadas, o fato de não ter sido escolhido para essa vaga me fez começar a duvidar das minhas habilidades e a pensar em desistir de tudo. Eu estava ficando deprimido, e tudo que queria era dormir.

Mas depois de alguns dias dormindo, algo dentro de mim me despertou de manhã cedo e me fez analisar o motivo por que eu não tinha conseguido aquele emprego. De início, antes de ir para as entrevistas presenciais, eu acreditava que, se me esforçasse de verdade e demonstrasse minha sinceridade e meu preparo, provavelmente seria contratado. Porém, naquela manhã, me dei conta de que essa abordagem era equivocada. O que a faculdade queria não era o candidato mais sincero que dá o seu melhor, mas um que já possuísse as habilidades necessárias para atender às exigências específicas do cargo. Em outras palavras, eu tinha sido ingênuo e convencido, achando que sabia exatamente o que a faculdade esperava de um novo professor. O ponto de partida nunca deveria ter sido eu mesmo, mas as necessidades da instituição. A partir daí, me preparei para as entrevistas restantes fazendo uma pesquisa abrangente sobre o que cada escola estava procurando. Isso logo rendeu frutos, pois fui convidado para trabalhar em uma delas.

Você se deu mal numa entrevista de emprego? Em vez de se contentar com a vaga esperança de que as coisas vão sair como você quer se apenas tentar se esforçar mais na próxima vez, descubra em que exatamente você se enganou e não repita o mesmo erro. Você está perdido porque não alcançou a nota necessária numa prova de seleção para uma faculdade ou no exame da ordem dos advogados? Então dê uma olhada nos seus hábitos de estudo. Você estudou num lugar repleto de distrações? Você criou um cronograma e conseguiu cumpri-lo? Você chegou a pedir dicas de alguém que se deu bem na prova? Se está frustrado porque o seu negócio não deu certo, não perca tempo tentando descobrir de quem é a culpa. Assuma a responsabilidade e pergunte-se com calma por que faliu. Você escolheu uma localização ruim para a loja? Será que seus produtos tinham qualidade suficiente e eram originais? Será que errou no relacionamento com clientes, funcionários ou sócios? Se decidir abrir outra empresa, gaste o dobro – talvez o triplo – do tempo que dedicou na primeira vez à pesquisa e ao desenvolvimento do seu plano de negócios.

Todos passamos por fracassos. A cada vez que falhamos, porém, podemos aprender com os nossos erros e nos tornar um pouco mais sensatos e prudentes. O fracasso também pode ser uma oportunidade para repensar a vida e amadurecer mental e espiritualmente. Eu lhe desejo toda a sorte na sua próxima empreitada.

Frustração e fracasso são parte da vida.
Se, em vez de fugirmos deles, passarmos a aceitá-los com tranquilidade,
começaremos a saber o que precisamos fazer em seguida.

✳

Só porque você não conseguiu alcançar seu objetivo,
isso não significa que todos os seus esforços foram em vão.
O fracasso tem um significado em si
e pode ensinar muitas coisas.
Ninguém pode saber o resultado de uma vida até que ela
tenha chegado ao fim.

✳

Você não ferrou a sua vida
só porque se ferrou numa prova.
Nem a sua vida é um fracasso
só porque seu negócio fracassou.
Quando passar por uma experiência negativa,
tome cuidado com pensamentos que
fazem as coisas parecem piores do que são.

✳

O primeiro passo para superar um fracasso
é admitir completamente que você fracassou.
O reconhecimento tranquiliza a mente
e o ajuda a entender o que precisa fazer da próxima vez.

✳

Ser muito bem-sucedido quando se é muito jovem
é um dos maiores perigos da vida.
Não tente subir alto demais antes de estar preparado.
Você vai chegar lá passo a passo.

※

Quando alguma coisa não tiver dado certo,
não desista. Siga em frente
e tente formas diferentes de fazer funcionar.
Não há resposta certa, nem solução pronta.
Só encontramos a melhor abordagem por tentativa e erro.

※

Depois das trovoadas e do temporal,
o céu azul e as verdes montanhas
ficam muito mais nítidos e radiantes do que antes.
E depois de atravessar uma grande provação,
passamos a ver com mais nitidez o que realmente
importa na vida.

※

"A vida não é esperar a tempestade passar.
É aprender a dançar na chuva."
– Vivian Greene

※

Não fique desiludido, meu amor.
Quando olhamos para a vida como um todo,
a dificuldade que estamos atravessando
é como uma nuvem.
Embora seja grande, vai logo passar.

✳

Quando estiver esperando que alguém apareça
para solucionar o seu problema,
lembre que nada neste mundo é de graça.
Depois de resolver o seu problema,
aquela pessoa normalmente se torna seu novo problema.

✳

Não implore pela atenção das pessoas.
À medida que descobrir e desenvolver seus pontos
fortes únicos,
elas vão prestar atenção em você automaticamente.
Ao se flagrar desejando a atenção das pessoas,
diga a si mesmo: "Só preciso ficar melhor no que eu faço."
Você é nobre; não se comporte como um pedinte.

✳

Se você se permitir ficar abalado,
o mundo vai sacudi-lo mais forte ainda.
Seja como a rocha, que não é facilmente abalada
por elogios ou críticas alheias.

✻

Mesmo quando você deu o seu absoluto melhor,
alguém pode, ainda assim, ser crítico ou malicioso.
Existe todo tipo de pessoa neste mundo,
até aqueles que pensam
que a comida num restaurante com três estrelas
Michelin é mais ou menos.
Não importa quem você seja, é impossível
agradar todo mundo.

✻

Somos muito mais afetados por uma palavra de crítica
do que por dez palavras de elogio.
Sempre que ficar magoado por causa da
crítica de alguém,
lembre que, por trás daquela única palavra de crítica,
existem dez palavras de elogio
das pessoas que gostam de você e torcem
pelo seu sucesso.

✻

Quando vemos uma pessoa apaixonada pelo
próprio trabalho,
é natural nos sentirmos atraídos por ela.
Ao vê-la completamente envolvida no trabalho,
não conseguimos tirar os olhos dela.
A paixão é contagiosa.

※

Se alguém estiver promovendo um produto
sem acreditar nele por completo, não vai vender.
Não é o produto que vende, mas a paixão do vendedor.

※

Alguma vez você já deu seu máximo a ponto de
chegar às lágrimas?
Pode ser que ninguém saiba, mas você sabe que
realmente deu seu melhor.
Mesmo que fracasse, você não vai ter nada do
que se arrepender.

※

Quando os céus querem que você cresça,
eles mandam um rival que seja mais capacitado que você
e tenha mais experiência e uma personalidade
mais interessante.
Ao competir com seu rival,
você descobre habilidades que estavam latentes
dentro de si.
Embora tenha odiado seu oponente,
ao olhar para trás e ver
quanto cresceu naquela época,
é provável que você se sinta grato a ele.

✸

Tente solucionar esta charada:
"Você sabe qual é o cargo
mais difícil na sua empresa?"
Resposta: "O meu cargo."

✸

Não tente demonstrar quão inteligente você é
implicando com os defeitos das pessoas
que são tão pequenos que nem são dignos de menção.
Ficará óbvio o que você está fazendo.

✸

Não tente se promover
criticando pessoas acima de você.
Se fizer isso, você também será criticado
pelas que estão abaixo.
Em vez disso, tente ganhar reconhecimento
através do trabalho duro e do próprio talento.
No momento em que ataca alguém,
seu real valor se revela.

✳

É um erro supor
que tudo no seu emprego dos sonhos
vai ser divertido e interessante.
Todos os empregos têm seu lado tedioso.
Saiba que sempre haverá provações a superar
antes que algo dê frutos.

✳

Eu achava que professores só davam aula e
faziam pesquisa.
Mas depois de me tornar professor,
me dei conta de que o trabalho envolve
todo tipo de coisa que eu não gosto de fazer,
como recolher recibos,
escrever cartas de recomendação,
preencher fichas de inscrição e relatórios para
bolsas de pesquisa,
dar palestras a possíveis alunos e seus pais, etc.
Parece que é assim com todo tipo de trabalho.
Você só consegue fazer o que gosta
se fizer também o que não gosta.

✳

Quando chega a hora de realizar uma tarefa
esperada há muito tempo,
você acha que vai ficar muito nervoso.
Mas depois de preparar até o melhor das
suas habilidades,
você fica estranhamente calmo, não nervoso.
Ao saber que já pode mostrar
quanto esteve trabalhando duro,
você fica, de certa forma, empolgado.
Se você se preparou bem,
não há razão para ficar ansioso.

Diga àquela parte sua que fica
nervosa e se sente inferior: "E daí?"
"Estou um pouco nervoso por causa da prova. E daí?"
"Sou mais baixo e mais pesado que os outros. E daí?"
"Não tenho muito dinheiro no banco. E daí?"
Depois de reconhecer as suas inseguranças assim,
você vai encontrar coragem dentro de si para superá-las.
Se tentar esconder sua parte inferior,
com vergonha dela, isso vai continuar a ser um problema.
Ninguém vai ligar de verdade para ela se você estiver confortável.

✳

"Dedique-se de coração, mente e alma
mesmo às menores ações.
Esse é o segredo do sucesso."
– Swami Sivananda

✳

Parece que adquirimos mais força e sabedoria
nos momentos mais difíceis da vida.
Mais tarde, pensamos naquelas horas de dificuldade,
no que aprendemos com elas
e como as superamos.
Então nos damos conta de que foram
uma experiência inestimável para nós.

Capítulo Seis

CURA

Que minha própria dor abra meu coração
o bastante para acolher outros que sentem dor.
Que meu sofrimento se torne
uma oportunidade para me conectar com
outros que estão sofrendo.
Assim como desejo
que meu sofrimento chegue logo ao fim,
também rezo para que os outros
se recuperem depressa de sua dor.

QUANDO PERDOAR É DIFÍCIL

Na vida de cada um de nós, sempre haverá alguém que faça uma coisa absolutamente imperdoável. Sabemos que devemos perdoar para o nosso próprio bem, e não continuar tomados pelo ódio e pela fúria, mas é mais fácil falar do que fazer. Como podemos perdoar com tamanha facilidade alguém que contou mentiras tão terríveis a nosso respeito e nos magoou e ofendeu tanto? Essa pessoa pisou em nós para chegar ao topo e nos apunhalou pelas costas. Toda vez que a vemos, ela age como se não tivesse feito nada disso. A ferida é tão profunda que não sabemos ao certo se seremos capazes de curá-la.

Em situações como essas, devemos tentar não perdoar depressa demais. O primeiro passo para a cura de uma ferida emocional profunda é reconhecer e aceitar nossos sentimentos pelo que são: fúria ardente e ódio intenso. Eles são a tentativa natural da mente de estabelecer um limite claro entre nós e aquela pessoa. Funcionam como uma parede de proteção, permitindo que nossa individualidade vulnerável se cure. Se alguém nos encorajar a deixar essa fúria de lado antes de estarmos prontos, corremos o risco de aprofundar a ferida, derrubando a parede de proteção rápido demais.

Mas pode ser um problema se a lembrança ficar vindo à tona mesmo depois de muitos anos, deixando-nos presos como um hamster numa roda, incapazes de superar a dor e seguir em frente. Quanto mais nos lembrarmos de como a dor surgiu, mais passaremos a desprezar a nós mesmos por não termos nos defendido. À medida que nossa mente se prender ao passado, também não conseguiremos perceber o que o momento presente nos está oferecendo nem seremos capazes de curtir a vida com plenitude. Mesmo que nossa mente decida perdoar, nosso coração permanecerá teimosamente fechado. O que é pior: como ninguém nos ensinou os passos práticos a tomar para sermos capazes de perdoar alguém, haverá uma lacuna intransponível entre cabeça e coração – e isso se transformará em uma nova fonte de inquietação.

NUMA NOITE DE DOMINGO, fui jantar com um antigo amigo da época da escola de quem eu era muito próximo. Não nos falávamos desde a formatura do ensino médio, mas ele me procurou quando ficou sabendo que eu era monge. Embora tenha sido um pouco constrangedor no início, pois havíamos passado muitos anos levando uma vida diferente, não demorou muito até que ficássemos à vontade outra vez. Ele era de uma família pobre, assim como eu, mas trabalhava mais duro do que qualquer pessoa que eu conhecia. Dava o seu melhor não apenas nas aulas, mas também nas atividades extracurriculares, como a prática de esportes e a música. Fora para uma universidade de primeira linha, depois conseguiu emprego numa das melhores empresas da Coreia. Após trabalhar nessa companhia por dez anos, ele começou o próprio negócio. Todo mundo o considerava um sucesso.

Depois que tínhamos acabado de comer, como se estivesse ganhando tempo ao longo da refeição, ele de repente desabafou:

– Por favor me ajude, Haemin Sunim. Ultimamente estou um pouco deprimido, não tenho vontade de fazer nada. Tudo parece pesado demais.

Meu amigo bem-sucedido e esforçado estava ali com os ombros curvados, parecendo um menininho. Intuindo como devem ter sido as coisas na casa dele, falei com cuidado:

– Você sempre se esforçou tanto, desde criança; por que acha que está se sentindo assim?

No início, ele falou sobre as obrigações de sustentar a família e, então, à medida que eu continuava pressionando com delicadeza, ele voltou ao tema da própria infância.

– As coisas em casa eram muito difíceis. Se eu não me

esforçasse, parecia que minha mãe sempre teria uma vida dura, então acho que foi por isso que me empenhei tanto.

Continuei a fazer com que ele se abrisse:

– Ah, é? Você só queria tornar as coisas mais fáceis para a sua mãe?

Ao ouvir isso, seu rosto ficou sombrio. Ele estava claramente envergonhado.

– Na verdade, o problema era minha tia, a esposa do irmão mais velho do meu pai, que já tinha morrido. Eu odiava a maneira como ela menosprezava a minha mãe, dizendo que alguém tão pobre e sem instrução nunca conseguiria uma vida melhor para si e seus filhos. Então, para provar que ela estava errada, fiquei determinado a trabalhar duro e ser mais bem-sucedido que todos os meus primos.

– Então, toda vez que via sua mãe ser desprezada pela sua tia, você devia se sentir zangado e humilhado. Se eu tivesse uma tia assim, também a odiaria. Se quiser mesmo a minha ajuda, por favor, tente isto. Primeiro imagine agora que essa tia, que magooou você e sua mãe, está na sua frente. Volte a ser a criança que foi ferida e diga a sua tia o que você pensa. Mas em vez de usar a linguagem de um adulto, fale como se tivesse 10 anos. Estamos voltando para a época da sua juventude. Deixe de lado a importância do respeito aos mais velhos e de não falar palavrão, simplesmente diga quaisquer palavras que surjam dentro de você. Quaisquer que sejam.

Uma das razões pelas quais é tão difícil perdoar é o fato de nosso coração não dar ouvidos à nossa mente. Não sabemos conectar os dois. Às vezes tentamos negar ou sufocar a fúria e o ódio, esperando que eles desapareçam, mas eles sempre voltam. Curiosamente, no entanto, são essas emoções de fúria e ódio que funcionam como o condutor vital através do qual a decisão mental de perdoar alcança o coração. Em vez de lutar contra os nossos sentimentos, devemos honrá-los, permitindo que existam e observando como sua energia se move dentro de nós. Eles se manifestam com um rosto enrubescido, tensão muscular ou elevação da frequência cardíaca? Sem se identificar com as emoções, observe-as de maneira desapegada, mas carinhosa. Como uma mãe olha para o filho, podemos observar nossas emoções com atenção e compaixão.

Quando continuamos a fazer isso, algo inesperado acontece. Como uma camada de uma cebola sendo retirada, nossa paisagem emocional interior começa a se revelar. No meu caso, fui capaz de detectar uma profunda tristeza por baixo da fúria, e então, ao olhar de maneira ainda mais profunda e compassiva, descobri o medo da solidão e da morte bem embaixo da tristeza. Se pudermos ensinar a nós mesmos a olhar nossas feridas emocionais com curiosidade e compaixão, nosso coração endurecido vai, misteriosamente, começar a amolecer.

Depois que sentimos que nosso coração começou a se abrir, podemos tentar direcionar nosso olhar compassivo para a pessoa que nos feriu. Tente olhar fundo e entender a dor e o sofrimento dela. Se ela fosse feliz, é muito improvável que tivesse feito o que fez. Veja o que está por trás da infelicidade dela. O objetivo dessa prática não é justificar o dano causado em nós, mas desfazer o nó das nossas próprias emoções, que nos aprisionam e nos impedem de viver uma vida plena. Em outras palavras, tentamos perdoar não pelo bem do agressor, mas para ficarmos livres do passado. Para conseguir isso, é importante tentar entender essa pessoa.

Quando conseguimos deixar nosso julgamento de lado e olhamos para ela no espírito do entendimento, começamos a ver coisas que não havíamos notado antes. Por exemplo, dentro da figura arrogante que nos menosprezava está uma alma que foi, ela mesma, menosprezada. A pessoa pode ter sido ridicularizada pelos pais, pelos irmãos, por amigos. Aquele que me magoou deve ter se comportado assim porque a vida dele era tão solitária e insegura quanto a minha. Ao encarar uma verdade tão profunda, nosso coração se suaviza involuntariamente. Quando continuamos a abrir o coração para todas as outras pessoas que são solitárias e inseguras e a sentir como o sofrimento delas é o mesmo que o nosso, o pesar dentro de nós se transforma em compaixão por todos no mundo, inclusive por nós mesmos.

MEU AMIGO FICOU em silêncio por algum tempo. À medida que eu o encorajava a dar voz ao que estava dentro dele, ele começou a chorar profusamente, desabafando a fúria reprimida havia tanto tempo:

– Desgraçada! Desgraçada! – Como uma criança, ele afundou o rosto no meu ombro e soluçou: – Eu ficava tão triste pela minha mãe e com tanta raiva da minha tia. Era muito duro.

Eu derramei lágrimas com meu amigo. Depois de chorar, ele pareceu se acalmar um pouco e me disse:

– É essa a razão por que minha vida tem sido de tanta luta. Tudo porque eu queria me vingar da minha tia e, ao mesmo tempo, ganhar seu reconhecimento. Mas depois que ela faleceu ano passado, essa possibilidade deixou de existir, e foi então que tudo começou a parecer tão sem sentido.

Poucos dias depois do nosso jantar, meu amigo me enviou um e-mail, agradecendo e contando que agora se sentia muito mais tranquilo. "Parece que eu posso enfim perdoar a minha tia", ele escreveu. "Fui para casa e, como você recomendou, pensei sobre o tipo de sofrimento que ela deve ter suportado. Eu me dei conta de que minha tia teve uma vida muito infeliz. O marido dela era bem-sucedido, mas a traía constantemente. Sentimentos de traição e solidão dominaram sua vida conjugal. Se ela tivesse sido feliz, acho que nunca teria se comportado assim com a minha mãe. Talvez eu seja capaz de perdoar a minha tia e deixar o passado para lá."

NÃO HÁ APENAS fúria e ódio dentro de nós, mas também tristeza e pesar, solidão e terror. Mas isso não é tudo. Também há o olhar interior compassivo observando essas emoções com equanimidade. Quando estiver sofrendo porque alguém é difícil de perdoar, rezo para que você encontre, dentro de si, esse olhar compassivo.

Que você encontre o olhar da compaixão dentro de si!

✳

Por trás da natureza violenta de alguém
sempre há medo, enraizado
na infância ou nas atuais circunstâncias.
Por trás desse medo,
mágoa e vulnerabilidade estão à espreita.
Se você realmente quiser perdoar alguém,
olhe além da superfície e veja o que há ali.

✳

"Apenas a verdadeira compreensão pode
trazer o perdão.
E esse tipo de compreensão é possível
quando você vê o sofrimento dos outros."
– Thich Nhat Hanh

✳

Não importa que uma pessoa mereça muito o seu ódio,
odiá-la vai terminar fazendo de você
a maior vítima do seu próprio sentimento.
Quanto mais fundo o vale do ódio se torna,
mais começamos a sentir que estamos presos no inferno.
Decida ter consciência desses sentimentos negativos,
mesmo que seja não pelo bem dos outros,
mas apenas pelo seu próprio.

✳

"Haemin Sunim,
Mesmo tendo me desculpado,
ela ainda não quer me perdoar.
Será que eu tenho que me ajoelhar e implorar?"
As coisas não são perdoadas de imediato
só porque você se arrependeu.
Ela sofreu muito por sua causa,
então será necessário mais do que umas poucas desculpas
para ela perdoá-lo.
Se você realmente sente muito, precisa
se desculpar com sinceridade muitas vezes.
É fácil falar umas poucas palavras – fácil demais,
aos olhos dela,
em comparação com a dor que ela teve que suportar.

✳

Quando você olha a situação com calma,
percebe que a pessoa que lhe causou dano
se comportou mal não apenas com você,
mas também com todos os que estão em posição parecida.
É óbvio que o terrível caráter dela é o culpado.
Então não leve para o lado pessoal
o que ela disse ou fez a você.
O problema não é você. É ela.

✽

Quando ela diz coisas para magoar,
será mesmo que é por algo que você fez
ou existe outra explicação?
Se for a segunda opção, então não há
por que assumir a culpa
por algo que você não causou.

✽

Se você está estressado,
talvez seja porque a sua mente está superlotada
de pensamentos e atividades de outras pessoas.
Se for este o caso, faça um "jejum de mídia" por três dias –
nada de celular, TV ou internet.
Você logo será capaz de escutar
seu corpo e sua mente
e voltar a um estado mais saudável.

✽

Se a sua mesa ou o chão da sua sala
estiverem bagunçados,
eles vão atrair mais bagunça.
E, é claro, isso não ajuda você a ser eficiente no trabalho.
Quando chegar em casa do trabalho e trocar de roupa,
mesmo que seja irritante, é bom guardá-la no armário.

✳

Como alguém que para de fumar por motivos de saúde,
meu amigo disse que deixou de ler as notícias
por um mês.
E ele de fato parou de estar distraído e ansioso.
Pergunte a si mesmo se realmente precisa saber
as últimas notícias sobre política,
acidentes e celebridades.
Por descuido, consumimos tudo isso sem pensar.
E, como macarrão instantâneo, isso não tem
nenhum nutriente.

✳

Quando estamos sozinhos num lugar tranquilo,
experimentamos a imobilidade da mente.
É gratificante e restaurador, como um remédio,
e nos ajuda a
retomar nosso centro e sentir a divindade dentro de nós.
Uma dose de imobilidade de vez em
quando faz muito bem.

✳

A dor da vida não é algo a ser superado.
Em vez disso, ela clama por amor delicado e cura.
Quanto maior a intensidade com que negamos esse fato
ou quanto mais tentamos esquecê-lo,
com mais força ele vem à tona.
Olhe calorosamente para a sua dor,
sem negá-la nem resistir a ela.
Se fizer isso, você vai detectar o amor
que está por trás dela.

※

O bom coração que reza pelo fim do sofrimento dos outros
põe um fim no próprio sofrimento ao fazer isso.
Envie suas bênçãos a
familiares, amigos, colegas, desconhecidos na rua.
Uma santa age de maneira compassiva não por ser santa.
Pelo contrário, suas ações compassivas é
que fazem dela uma santa.

※

Então você se sente muito mal hoje.
Mas isso não significa que a sua vida inteira vai mal.
Neste momento, você está esgotado e arrasado.
Mas vai se sentir melhor depois de uma boa noite de sono.

※

As feridas do coração são curadas
quando encontramos beleza e bom humor.
Quando andamos entre as belezas da natureza, nossos
pensamentos repousam.
Quando olhamos lindas obras de arte, nossas
sensibilidades são estimuladas.
Quando falamos com um amigo
bem-humorado, retornamos
ao nosso estado original e nos tornamos plenos outra vez.

✳

Escutei a seguinte piada de outro monge:
Um monge novato pergunta a um monge mais
experiente:
"É apropriado para um monge usar WhatsApp?"
O mais experiente responde:
"É claro que sim, só não pode entrar em
nenhum grupo!"

✳

Se quiser acender uma fogueira,
é preciso deixar algum espaço entre cada
pedaço de lenha.
Se você compactar muito a madeira,
o fogo não vai pegar; as chamas precisam de
espaço para respirar.
Da mesma forma, se nossa vida não tiver
espaço para respirar,
não seremos capazes de curtir todas as coisas
de que dispomos,
não importa quão grandiosas e preciosas elas sejam.

✳

Quando tiver algum lugar para ir,
saia com dez minutos de folga.
Assim a sua mente não vai se apressar
e você vai poder curtir a caminhada.
Da mesma forma, tire cinco minutos extras para
apreciar uma refeição.
Você será capaz de sentir melhor o gosto
e a refeição não vai pesar no seu estômago.
Meros cinco ou dez minutos aqui e ali
podem melhorar radicalmente a sua qualidade de vida.

✳

Se você possui vários exemplares da mesma coisa,
fique apenas com o que mais gosta e doe os outros.
Quando temos muitas posses,
não as possuímos; elas que possuem a gente.
Um espaço arejado, com tudo arrumado e organizado,
é o maior luxo e deixa nossa mente tranquila.

※

Diariamente, escolha dois ou três objetos
que você não usa há muito tempo
e os doe ou jogue fora:
comidas, remédios e cosméticos
que já perderam a validade,
roupas que você não veste há anos,
livros que já leu e não vai ler de novo,
eletrodomésticos que só estão ocupando espaço.
Ao se livrar deles, você não perde, ganha.
Um espaço sem bagunça é uma fonte de
conforto e relaxamento,
e você fica só com as coisas que o fazem feliz.

※

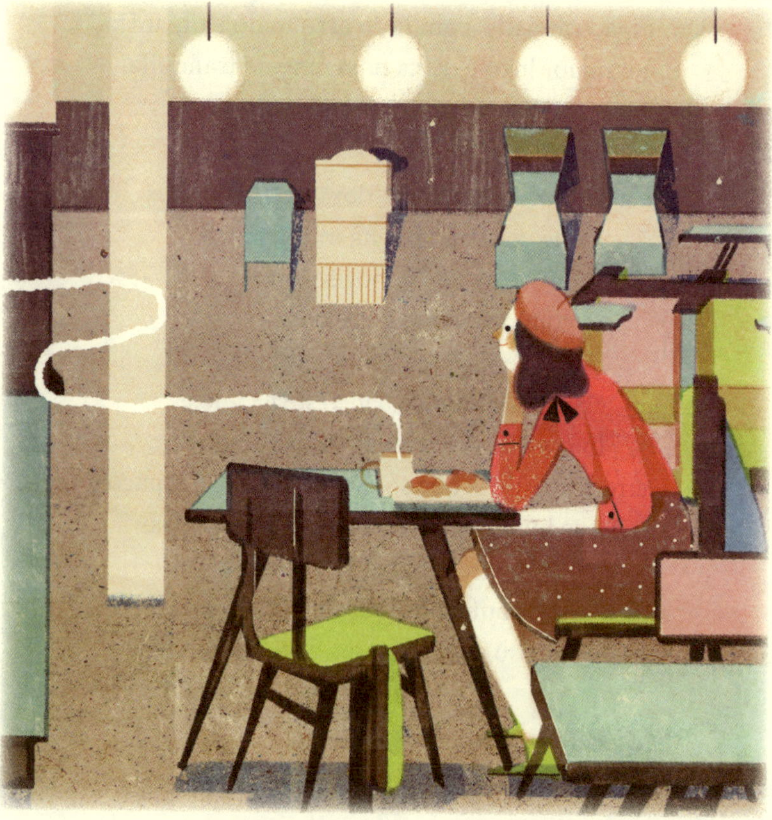

"HAEMIN, ESTOU UM POUCO DEPRIMIDO"

AO LONGO DA VIDA, a maioria das pessoas passa por períodos de depressão. Seria maravilhoso se a vida fosse preenchida apenas de alegria e felicidade, mas também precisamos lidar com o envelhecimento, a doença e a morte. É de esperar que fiquemos deprimidos em algum momento, ao sermos confrontados com o inevitável.

Quando olho para a minha vida, a depressão é como um hóspede que aparece bem na hora em que eu tinha conseguido me esquecer dele – quando meu relacionamento com os colegas estava abalado por mal-entendidos, quando meu trabalho duro não estava valendo a pena, quando eu estava doente, mas não sabia a causa ou que tratamento fazer. Eu não via modo de escapar dessas circunstâncias, e a depressão se instalava.

Desde que fundei uma organização sem fins lucrativos em Seul chamada "Escola dos corações partidos", tive muitas oportunidades de conhecer pessoas como eu, que ocasionalmente passam por uma leve depressão. A escola oferece programas de apoio gratuitos para quem está enfrentando um câncer, perdas na família, um divórcio, a criação de um filho ou filha com deficiência, questões de orientação sexual ou identidade de gênero, o desemprego, problemas nos relacionamentos, etc. A maioria dos participantes não apresenta depressão clínica; mas quando é esse o caso, nós os encorajamos a procurar assistência médica o mais rápido possível. No entanto, a partir da perspectiva da psicologia budista, tenho dado o seguinte conselho aos que passam por uma leve depressão de vez em quando.

Toda vez que os sentimentos depressivos me dominaram, examinei minha mente com cuidado e descobri que eles tinham algumas características marcantes. Em primeiro lugar, o que desencadeava a minha depressão e continuava a alimentá-la era nada além de meus próprios pensamentos repetitivos. Dependendo de quais tipos temos, eles podem provocar um enorme impacto em nossa vida emocional. Um pensamento positivo produz um sentimento positivo, enquanto um negativo leva a um sentimento negativo. Quando não ficamos quebrando a cabeça com pensamentos ruins, o sentimento depressivo é só um visitante, desaparecendo junto com eles. Se quisermos entender esses sentimentos, precisamos primeiro entender os pensamentos que dão origem a eles.

Os pensamentos são nossa perspectiva individual sobre as situações exteriores e interiores a que chamamos de vida. De acordo com cientistas, as pessoas chegam a ter 17 mil pensamentos num único dia. Muitos deles costumam ter um conteúdo semelhante, e os mais recorrentes têm a ver com lembranças. Ficamos habituados a pensar sobre os mesmos episódios repetidas vezes. O problema é que, na maioria dos casos, nos perdemos nesses pensamentos e permanecemos completamente desatentos em relação a isso. Apesar de serem produzidos pela mente, eles têm o poder de determinar nossa vida emocional, muitas vezes contra a nossa vontade. Além disso, como tendem a operar num nível subconsciente, não é fácil distinguir entre aqueles que refletem a realidade objetiva e os que refletem nossas opiniões subjetivas. Isso significa que logo acreditamos que nossos pensamentos são um reflexo claro da realidade, mesmo quando absolutamente não são.

À LUZ DO QUE SE SABE sobre a natureza dos pensamentos, gostaria de oferecer três dicas sobre como vencer a depressão. Primeiro, quando um pensamento depressivo aparecer, lembre-se de que ele é apenas uma única nuvem passageira no grande céu da sua mente. Muitos problemas psicológicos surgem porque confundimos pensamentos efêmeros com quem somos. Mas eles são apenas respostas momentâneas a circunstâncias específicas – que, por sua vez, estão em constante mudança. Quando nos distanciamos e observamos um pensamento depressivo, podemos ver quão insignificante ele é no esquema mais amplo das coisas. E se o deixamos para lá, em vez de sermos envolvidos por ele, ele ou desaparece sozinho ou muda de forma. Podemos lhe dizer: "Nossa, que interessante! Uma nuvem está passando por cima da minha cabeça." E o pensamento logo se dissipa. Mas se, em vez de isolá-lo de nós, nos apegamos e nos identificamos com ele, permitimos que perdure e acabamos caindo no pântano da depressão.

Segundo, se a sua depressão é desencadeada por comentários negativos vindos de pessoas que não o conhecem muito bem, é preciso entender que, apesar de parecer que estão falando de você, as palavras delas dizem mais sobre o estado psicológico negativo em que elas se encontram do que sobre você. Esses comentários se baseiam nas projeções que elas mesmas fazem sobre quem imaginam que você seja. Embora possa esperar que se tornem mais felizes e menos mesquinhas, você não pode se considerar responsável pelo estado mental negativo delas – que não é responsabilidade sua. Se não lhes der atenção, elas não terão poder sobre você.

Terceiro, não podemos perder de vista que a maior parte dos nossos pensamentos é formada por opiniões pessoais baseadas na nossa limitada experiência. Eles não são definitivos, e mudam de acordo com a situação. Se você se flagrar tendo pensamentos depressivos, em vez de levá-los muito a sério, apenas volte sua atenção ao momento presente e respire. É sempre útil se concentrar na respiração, pois ela sempre acontece no presente. Quando sente o ar entrando e saindo, a sua mente relaxa e qualquer tensão do corpo diminui. E quando sua mente alcança o aqui e agora, seus pensamentos naturalmente cessam. Tente deixar este livro de lado por um momento e respirar fundo por apenas um minuto. Lembre que uma forma fácil de liberar a sua mente da armadilha dos pensamentos e sentimentos negativos é se concentrar no momento presente através da sua respiração.

Agora tente sentir a sua respiração.
Respire fundo, inspire e expire...
A cura começa quando
começamos a atentar para nós mesmos.

✻

Todos nós experimentamos sentimentos depressivos
em algum momento da vida.
Quando isso acontecer, perceba que o combustível
deles são os pensamentos negativos.
Se continuamos a alimentar o sentimento
com esses pensamentos,
ele se torna mais forte e permanece por mais tempo.
Em vez de ficar preso em pensamentos negativos,
volte sua atenção para o seu corpo e respire fundo.
À medida que a mente clareia,
o sentimento também clareia.

✻

As nuvens liberam a tristeza
chorando até não poderem mais.
Quando elas não têm mais lágrimas para chorar,
sentem que um grande peso, o das
lágrimas que derramaram, foi retirado.
Podemos liberar nossa tristeza no céu dentro de nós.
Quando estamos tristes, está tudo bem
em chorar como as nuvens.

✻

Quando a tristeza visitar você,
não tente empurrá-la para longe.
Em vez disso, entre bem no centro dela
e a acolha.
Depois de muitas horas chorando,
você vai começar a ver
a luz no fim do túnel.

✶

Não confie nos pensamentos negativos,
em especial quando as coisas estiverem difíceis.
Quando estamos sofrendo, parece que
a dor sempre vai nos acompanhar;
quando fracassamos, parece que
nunca seremos capaz de nos recuperar;
quando passamos por uma perda, parece que
a ferida nunca vai se curar.
Mas nada dura para sempre,
nem mesmo os tempos difíceis.
Você vai melhorar.

✶

Quando estiver estressado por muitos pensamentos,
preste atenção no objeto bem à sua frente.
Veja o objeto o mais perto que conseguir.
De que cor ele é? Qual sua textura, seu estilo, o material?
Quando se concentra em algo que está à sua frente,
seus pensamentos naturalmente cessam, porque a mente
não é capaz de fazer duas coisas ao mesmo tempo.

✳

Quando emoções difíceis
como solidão, tristeza e medo
brotam dentro de você,
a coisa mais corajosa a fazer
é passar algum tempo com elas.
Em vez de tentar fugir
ligando a TV ou telefonando para um amigo,
sente-se com elas e olhe-as em silêncio.
Quando prestar atenção a elas,
elas vão mudar de forma, desaparecer
ou fazê-lo ver que não são tão aterrorizantes assim.

✳

Talvez a razão de interferirmos tanto
na vida dos outros seja o enorme medo de encarar
o vazio e a solidão que há na nossa.

*

Mesmo a pessoa que parece ter tudo
está vivendo um inferno particular.
Todos enfrentamos desafios que os outros
nem imaginam.
Lembre que as aparências enganam.

*

Com frequência, a causa da depressão
não é a tristeza, mas a raiva.
Embora estivesse muito zangado,
você teve que guardar a raiva dentro de si.
E depois se sentiu fraco e ridículo
por ter sido pisado como um capacho.
Então a sua raiva acabou atacando você –
em vez da pessoa que o deixou zangado.
Se estiver sofrendo com a depressão,
pense se não anda reprimindo a própria raiva.

*

Quando pensa apenas nos seus próprios problemas,
eles lhe parecem grandes e únicos,
e você pode ficar deprimido.
Quando começa a se importar com os
problemas dos outros,
você se dá conta de que os seus não são
grandes nem únicos.

✻

Um modo de superar
sentimentos de vazio, irritação ou depressão
é realizar um pequeno ato de gentileza
para outra pessoa.
Tente dizer a si mesmo:
"Apesar de estar ocupado,
hoje vou presentear alguém com alguma gentileza."
O pequeno gesto que expressa essa boa intenção
pode se tornar a semente de uma grande mudança.

✻

Encontre a felicidade não no sucesso financeiro
ou nos negócios,
mas passando tempo com amigos e entes queridos.
Quando alcança metas profissionais,
você acaba estabelecendo objetivos novos e maiores,
e isso faz com que sinta que ainda não tem o bastante.
A felicidade pode se tornar uma miragem,
para sempre fora do alcance.
Porém o tempo passado com os amigos traz felicidade
não no futuro, mas no aqui e agora.
Ter amigos próximos, com quem podemos dividir
tanto os momentos bons quanto os ruins,
é um dos caminhos mais garantidos para a felicidade.

✳

Quando a sua vida parecer vazia e levemente depressiva,
veja se consegue fazer uma destas coisas:
1. Aprenda algo novo. Pode ser qualquer coisa –
um instrumento musical, um artesanato, um esporte,
uma língua estrangeira.
2. Trabalhe de duas a três horas por semana
como voluntário.
Você vai se sentir bem por fazer algo significativo.
3. Convide amigos para almoçar.
Quando nos sentimos conectados, ficamos menos
deprimidos e solitários.
4. Medite na verdade da efemeridade do mundo.
É natural que as coisas mudem.
Aceite a mudança de boa vontade.

*

Imagine que você alcançou tudo que esperava.
Encontrou um bom emprego, um cônjuge amoroso
e a casa dos seus sonhos.
Foi promovido e seus filhos estão indo bem na escola.
Sobreviveu a uma doença e tem uma boa poupança.
Enfim pode relaxar e parar de se preocupar, certo?
Mas e daqui a dois ou três meses?
Você inevitavelmente vai encontrar novas
coisas com que se preocupar.
Mesmo quando as circunstâncias mudam para melhor,
se nosso hábito mental não tiver mudado também,
vamos acabar encontrando novos motivos
para a infelicidade.

❋

Mesmo que vivam no paraíso,
algumas pessoas ainda vão encontrar defeitos.
Elas vão dizer que o paraíso é perfeito e legal demais.

❋

"Acho que todo mundo deveria ficar rico e famoso
e fazer tudo que sempre sonhou
para poder ver que essas coisas não são a resposta."
– Jim Carrey

❋

Fui a um novo café moderninho no meu bairro.
Eu queria pedir uma fatia de bolo que parecia deliciosa,
mas quando vi como estava cara,
pedi apenas um chá.
Porém fiquei com aquele bolo na cabeça pelo resto do dia.
Dois dias depois, eu ainda não conseguia
tirá-lo da cabeça,
então voltei ao café, comprei uma fatia e a comi.
Estava deliciosa, mas nada de extraordinário.
Essa deve ser a sensação que as pessoas têm
quando ganham o prêmio Nobel ou vencem uma
eleição para presidente.

✴

Às vezes achamos difícil
controlar as emoções.
Nessas ocasiões, passe um tempo sozinho, em silêncio.
Vá dar uma volta, veja um bom filme,
leia um novo livro ou medite um pouco.
Dê à emoção reprimida algum espaço
até que ela consiga respirar com mais facilidade.

✴

No centro zen de Thich Nhat Hanh,
chamado Plum Village,
uma vez por semana acontece o dia da preguiça,
em que as pessoas cumprimentam
as outras perguntando:
"Quão preguiçoso você está hoje?"
Uma vez por semana, dê a si mesmo o presente
de um dia de preguiça.
Faça amizade com o céu azul ou a brisa fresca.

✴

Há ocasiões em que tudo o que você quer
é deitar no sofá e ver TV.
Está na hora de dar à sua mente tão ativa
um momento para relaxar.
Você não pode ser produtivo o tempo todo.

✴

Sempre há uma lacuna
entre o que você sabe e a maneira como age.
Só porque leu um livro inspirador
ou recebeu uma grande lição de um mestre espiritual,
isso não significa que a sua vida vai
mudar instantaneamente.
Apenas quando você coloca o novo
conhecimento em ação,
devagar e com muito esforço,
a mudança começa a vir.
No budismo também, a experiência de iluminação
é seguida por um trabalho de bodhisattva
de uma vida inteira,
ajudando todos os seres vivos deste mundo
a preencher essa lacuna.

Quando o mundo o derrubar,
levante-se e siga adiante.
Mesmo que a dor o faça chorar,
mesmo que queira morrer de vergonha,
apenas continue em frente.
À medida que seguir em frente, as coisas vão melhorar.
À medida que seguir em frente,
as coisas serão esquecidas.
Você é uma alma valente, que escolhe crescer com a dor.
Estou torcendo por você!

✳

"O sofrimento é uma porta
que se abre para um novo mundo."
– Cardinal Kim Sou-hwan

Capítulo Sete

ILUMINAÇÃO

A verdadeira natureza da mente é como o céu.
Nossos pensamentos são como nuvens,
nossas emoções, como relâmpagos,
e o céu aceita a todos igualmente,
observando enquanto eles mudam e se movem
através dele.
Os pensamentos e as emoções vêm e vão,
mas o céu continua o mesmo – claro,
luminoso, aberto.

O VERDADEIRO LAR DA MENTE

Depois de dois dias de chuva de verão antecipando a chegada do outono, o céu finalmente clareou, mostrando seu rosto azul por entre as nuvens. Com o céu azul como pano de fundo, as folhas das árvores dançaram empolgadas ao vento, vermelhas e amarelas, acenando com as mãos. Para mim, o começo do outono é sempre um momento para um retiro de meditação. Costumo ir a um mosteiro nas montanhas, na Coreia, mas este ano fui para Plum Village, a comunidade budista perto de Bordeaux, na França, fundada pelo monge vietnamita Thich Nhat Hanh. Quando ele visitou a Coreia em 2013 com seus discípulos, atuei como seu intérprete nas suas palestras públicas e desenvolvi um precioso relacionamento com ele. Eu sempre quisera ver em primeira mão como seus maravilhosos ensinamentos eram colocados em prática em Plum Village, então, quando surgiu a oportunidade de visitá-la, eu a agarrei.

Na época da Guerra do Vietnã, Thich Nhat Hanh liderou o movimento antiguerra dentro e fora do país. Ao ver seus esforços, Martin Luther King ficou muito comovido e o indicou para o prêmio Nobel da Paz. Após a guerra, como Thich Nhat Hanh não pôde mais voltar ao Vietnã, se estabeleceu na França, onde deu início a uma pequena comunidade budista com algumas pessoas que procuravam seus ensinamentos. Com o tempo, o que era uma pequena comunidade passou a atrair cada vez mais visitantes. Infelizmente, a saúde de Thich Nhat Hanh não anda bem desde 2014 e ele não tem sido capaz de ministrar ensinamentos ao público. Apesar disso, muitas pessoas de todo o mundo ainda visitam Plum Village para praticar meditação da Atenção Plena.

Quando cheguei a Plum Village pela primeira vez, percebi de imediato como todo mundo andava devagar. Era um contraste marcante com o cotidiano em cidades grandes e pequenas, onde todos estão sempre com pressa. Em Plum Village todos andam devagar não apenas para aprofundar sua atenção, mas porque apreciam o simples ato de caminhar. E descobri que não era só isso: eles também comem devagar, um bocado de cada vez, saboreando em silêncio cada refeição. Não importa a iguaria que esteja à nossa frente. Se a mente vagueia enquanto comemos, não somos capazes de sentir gosto de nada. Mas quando a mente está totalmente alerta, até um gole de chá pode ter um sabor que nunca provamos.

O ENSINAMENTO MAIS importante de Thich Nhat Hanh é que a mente deve estar completamente presente no aqui e agora, inclusive quando caminhamos ou comemos. Em vez de se deixar capturar nos próprios pensamentos e ficar remoendo lembranças do passado ou preocupações do presente, a mente fica no momento presente porque o lugar de iluminação que os praticantes buscam está no aqui e agora, no verdadeiro lar da mente. Quando está plenamente presente, ela se torna tranquila e centrada com naturalidade, sem se distrair muito, permitindo-nos apreciar a vida por completo e nos concentrar no que estamos fazendo – seja conversando com amigos, preparando uma refeição para a família ou limpando o chão.

Thich Nhat Hanh também ensina que devemos ter consciência da respiração, pois ela é a ligação entre corpo e mente. Se a respiração estiver calma, nossa mente estará calma, e se a respiração estiver agitada, nossa mente estará agitada. E vice-versa: mente frenética, respiração frenética; mente tranquila, respiração tranquila. Além disso, a respiração sempre acontece no aqui e agora e, portanto, ancora a mente no presente. À medida que respiramos mais calma e profundamente, a mente acompanha, saboreando um intenso e tranquilo silêncio.

À MEDIDA QUE minha prática de respiração consciente se aprofunda, a porta para a sabedoria começa a se abrir. As pessoas costumam identificar a mente com os pensamentos, como se isso fosse tudo que houvesse nela. No entanto, ao experimentar o silêncio tranquilo que repousa no espaço entre um pensamento e o próximo, vejo como um pensamento emerge desse silêncio e também desaparece nele por si só. Consequentemente, não atribuo muita importância a cada um e presto mais atenção no espaço silencioso entre ele e o seguinte. O espaço de silêncio então se expande pouco a pouco e eu começo a sentir que mesmo um pensamento bom não é tão agradável quanto o silêncio tranquilo.

Finalmente me dou conta de que esse silêncio tranquilo não existe apenas dentro do meu corpo, mas também fora dele, já que é impossível apontar onde ele começa e onde termina. A divisão conceitual entre o eu e o mundo desmorona e percebo que o silêncio é a verdadeira natureza inabalável da mente – e a base não manifesta do universo antes da sua criação. Por fim, compreendo o provérbio zen: "Não há qualquer diferença entre a mente, o mundo e o Buda."

Enquanto o céu está pintado de laranja e vermelho pelo pôr do sol, um monge toca solenemente o sino da noite. O som ecoa reverente por todo o terreno de Plum Village. Ele vem acompanhado pelo ruído de delicados passos, enquanto as pessoas se encaminham para o salão de meditação. Ao ver tudo isso, meu coração desabrocha numa flor de gratidão e contentamento.

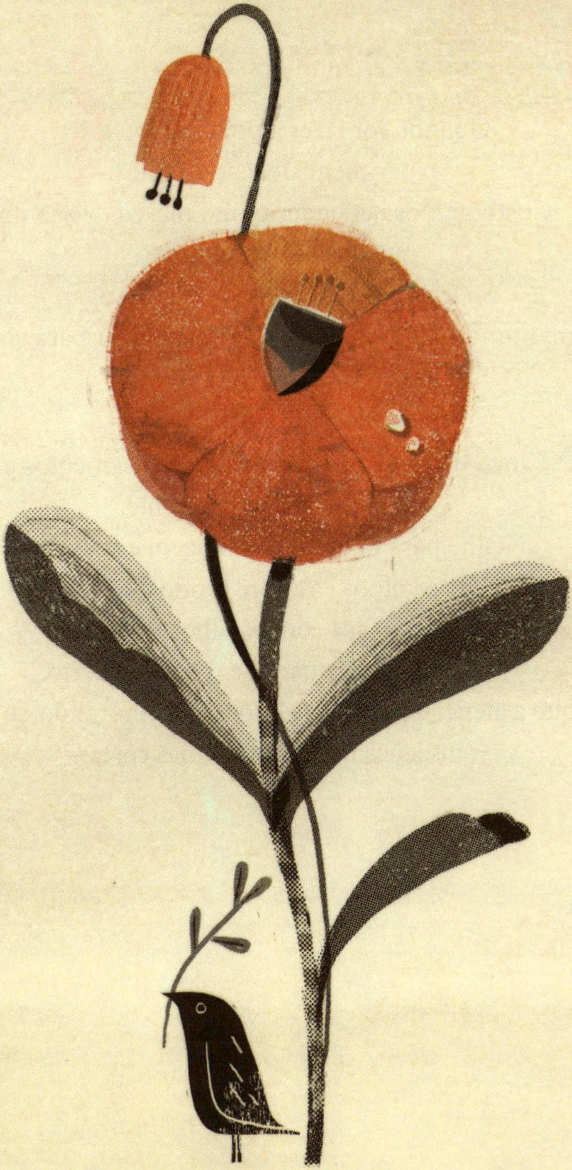

✳

Quando for fazer a próxima refeição,
experimente fechar os olhos.
Costumamos depender muito mais da visão do
que dos outros sentidos.
Se fechar os olhos e saborear devagar,
um mundo inteiramente novo vai se abrir para você.

✳

Cinco maneiras de clarear seus pensamentos e
encontrar paz no presente:
Olhe para uma linda paisagem e sorria.
Feche os olhos e respire fundo dez vezes.
Escute música com os olhos fechados.
Faça uma caminhada sem destino certo.
Volte a atenção para o seu corpo, concentrando-se nas
sensações nos ombros e nas costas.

✳

Quando está perdido em pensamentos,
você pode não ver o que está bem à sua frente.
Mas ao se concentrar no que está bem à sua frente,
você é capaz de pausar seus pensamentos.
Em vez de lutar para pará-los,
simplesmente olhe para o que está à sua frente.
Isso traz a mente para o presente.

✳

A respiração é uma máquina do tempo incrível,
trazendo a mente
dos pensamentos sobre o passado e o futuro
para o momento presente.

✳

Quando um jogador de beisebol acerta um *home run*,
depois de passar pela primeira, pela segunda e pela terceira base,
ele retorna para o ponto de partida.
Quando começamos nossa jornada espiritual,
saímos de casa em busca de algo maravilhoso,
apenas para perceber que o que há tanto
tempo buscávamos
esteve sempre dentro de nós.

✳

Quando a sua mente se concentra na sua respiração,
tornando-se completamente alerta e livre de
pensamentos inúteis,
de repente você se dá conta
de que a paz e o contentamento
são mais preciosos que qualquer coisa que
possa comprar.

✳

Se você se levantar bem cedo pela manhã,
com a casa às escuras e o mundo quieto,
tente ouvir o som do silêncio.
Sinta seu vazio e sua abundância.
O silêncio é tranquilo, imaculado, reconfortante.
Ele não exige nada em troca.
Não importa onde você esteja,
o sentimento de calma plenitude está disponível
a qualquer um que escute com atenção.

✳

Não suponha que uma mente imóvel é entediante.
Dentro da imobilidade
se escondem a paz e o contentamento supremos.
Se a mente estiver totalmente alerta a essa imobilidade,
ela também vai descobrir sua verdadeira natureza,
indestrutível, mesmo após a morte.

✳

Sua verdadeira natureza não é algo
que você possa obter procurando por ela.
Ela vai se revelar a você
quando a mente estiver em silêncio.

✳

Quando o céu está livre de nuvens,
podemos ver sua profundeza azul.
E quando a mente está livre de pensamentos,
podemos sentir sua verdadeira natureza.

✳

"O silêncio é profundo como a Eternidade;
a fala é rasa como o Tempo."
– THOMAS CARLYLE

✳

Pensamentos e emoções vêm à tona e se
recolhem dentro da mente.
Mas o que registra seu ir e vir?
É outro pensamento ou alguma outra coisa?
Se for outro pensamento, então ele deve ser
conhecido também.
E então? O que é que conhece *esse* pensamento?
Se você olhar com atenção, não é outro pensamento.
É o silêncio interior.
Esse silêncio imaculado e sem forma é a sua
verdadeira natureza.

✳

A mente é como um espelho,
que nada pode marcar ou arranhar.
No espelho da mente, o ciúme, o ódio e a ganância
podem se refletir como imagens passageiras.
Mas esses são apenas reflexos na superfície do espelho;
o espelho em si não fica marcado por eles.
Não se veja em meros reflexos,
equivocadamente imaginando que eles são você.

✳

Quando pensamentos e emoções surgirem,
não prenda neles a palavra "eu",
presumindo que são
"meus pensamentos" ou "minhas emoções".
Eles não costumam se demorar.
Se você continuar a chamá-los de seus,
vai apenas obstruir seu fluxo natural
e equivocadamente se identificar com eles.

✳

Pensamentos são nuvens que passam
e aparecem em resposta a uma variedade de fatores
que estão além do seu controle.
Agarrar-se a um pensamento negativo específico
pode até levar à depressão.
Tenha cuidado para não se deixar capturar pelos
seus pensamentos.

✳

"A verdadeira liberdade é
estar livre do que é conhecido."
– Jiddu Krishnamurti

✳

Qualquer objeto que possa ser observado não é
a sua verdadeira natureza.
Por exemplo, uma xícara, uma árvore ou um
edifício podem ser observados,
o que significa que eles não são você – o observador –,
apenas objetos.
Da mesma forma, pensamentos e emoções
podem ser observados,
mas você continua existindo depois que eles
desaparecem no silêncio.
A principal razão por que sofremos é o fato de
equivocadamente
confundirmos os objetos com o observador.

✳

"Você não alcança a paz reorganizando
as circunstâncias da sua vida,
mas compreendendo, no nível mais
profundo, quem você é."
– Eckhart Tolle

✳

O seu verdadeiro eu nunca pode se perder,
nem por um momento sequer.
Assim como o presente nunca pode se perder –
ele está sempre aqui e agora,
estejamos prestando atenção ou não.

✳

"A verdadeira liberdade
é não se inquietar com a imperfeição."
– Mestre zen Sengchan

A sua vida é difícil
não porque o passado esteja segurando você,
mas porque você fica pensando sobre
o passado
e permanece nele.
Em vez de tentar negociar com o que passou,
deixe-o em paz, para que ele possa fluir
como um rio.
O seu verdadeiro eu não é o rio de memórias,
mas aquele que fica à margem do rio,
silenciosamente observando seu fluxo.

A MINHA JORNADA ESPIRITUAL

Quando eu estava no ensino médio, não sabia muito sobre o budismo – sabia apenas o suficiente para ficar na expectativa do aniversário do Buda no mês de maio. Eu gostava de ter um dia de folga na escola nessa época do ano, quando o clima costumava estar bom. Também gostava de ver as ruas de Seul decoradas com lanternas coloridas de papel. Quando eu passava pelas ruas iluminadas por elas no entardecer, era tão lindo que eu quase conseguia esquecer a escola e a minha incerteza em relação ao futuro. Nessa época do ano eu normalmente visitava o templo Doseon, no monte Bukhan, que não ficava longe de casa. Passando embaixo das lanternas coloridas e ouvindo meus músicos favoritos no Walkman – George Winston, Enya ou Simon e Garfunkel –, eu ficava tranquilo e em paz.

Nos fins de semana, havia algo em particular que eu gostava de fazer: andar com os missionários americanos. Eles tinham 20 e poucos anos, eram só três ou quatro anos mais velhos do que eu, então era fácil fazer amizade com eles. Praticávamos esportes, jogávamos cartas e ensinávamos uns aos outros sobre nossa cultura e nosso idioma. Nossas interações também fortaleceram meu interesse em religião e me levaram a refletir sobre questões como: "Por que nascemos e o que acontece depois que morremos?" "Quem sou eu?" "Por que o mundo é tão repleto de desigualdade e sofrimento?" Eu gostava de poder discutir essas questões em inglês, talvez porque eram as perguntas que eu não podia fazer na escola.

Quando chegou o aniversário do Buda, convenci meus amigos missionários de que, como tinham vindo para a Coreia, deveriam conhecer uma religião tradicional coreana. Na época, eu não me considerava qualificado para me referir a mim mesmo como budista; eu apenas curtia apresentar aos meus amigos estrangeiros uma tradição que era parte importante da história e da cultura do meu país. Talvez porque eles concordassem que era valioso entender outra religião ou apenas porque quisessem se aventurar fora da cidade, num fim de tarde, quando as lanternas ficavam mais impressionantes, meus amigos missionários subiram comigo o monte Bukhan para o templo Doseon.

Quando chegamos, admiramos os edifícios tradicionais e o terreno. Depois eles começaram a me fazer perguntas. Por exemplo, ao ver os rostos altivos e assustadores dos Quatro Reis Celestiais Guardiões na entrada do complexo, perguntaram: "Por que os budistas adoram deuses que parecem demônios?" Apontando para as pessoas que se curvavam diante da estátua de pedra do Buda, perguntaram: "Por que elas estão se curvando a um Buda de pedra? Isso não é adoração a ídolos?" Eu não consegui dar nem uma explicação capenga, quanto mais uma boa resposta. Eu não pude responder que, assim como no cristianismo os arcanjos Gabriel e Miguel servem à vontade de Deus e protegem os fiéis, o budismo tem seus próprios seres de outro mundo, como os Quatro Reis Celestiais Guardiões, que protegem os ensinamentos do Buda e seus seguidores. Quando eu estava no ensino médio, eu também não entendia direito o que a estátua representava e simplesmente supunha que o Buda era uma divindade com grandes poderes que concedia os pedidos dos fiéis que o veneravam com sinceridade. Pensando em retrospecto, fico abismado em ver como eu era ignorante.

NA FACULDADE, COMECEI a aprender sobre budismo e a ler diversos textos budistas como parte da minha formação em estudos da religião. Um deles foi o *Sutra do diamante*, uma importante escritura mahayana, que me ensinou que "o verdadeiro Buda não tem forma e, portanto, não pode ser visto com os olhos". Em outras palavras, o Buda representa a mente iluminada, e não tem nenhum formato específico ou forma humana. É dito que todos os seres vivos têm "natureza de Buda" ou "verdadeira natureza", e, quando nos tornamos iluminados, não somos diferentes do Buda. Apesar de nos curvarmos diante de uma imagem dele, na realidade estamos expressando reverência à verdadeira natureza da mente, que existe no momento presente, livre de forma.

Mais tarde, quando estava treinando para me tornar monge, estudei textos zen budistas como os *Discursos registrados dos mestres zen*, que contêm provérbios de antigos mestres, apontando os leitores diretamente para a mente iluminada. Por exemplo: "Se o Buda de pedra parece sagrado para nós, é por causa da sacralidade inerente à imagem ou porque nossa mente a vê como sagrada?" Mesmo que duas pessoas olhem para o mesmo Buda de pedra, ele pode parecer sagrado para uma, mas nem um pouco para a outra. A verdadeira sacralidade habita na pedra que carrega a imagem do Buda ou na mente, que conhece o sagrado?

Então surgiu a oportunidade de experimentar diretamente coisas com as quais eu só havia entrado em contato através do estudo acadêmico: o retiro intensivo de meditação zen no mosteiro Beomeo, conduzido pelo grande mestre zen Subul. Fui decidido a dar o melhor de mim e seguir o que ele estava ensinando. E, felizmente, pude experimentar vários estágios de meditação dos quais eu só havia lido a respeito. Todos os pensamentos desapareceram por completo e enfim consegui experimentar um primeiro gostinho da mente iluminada.

É difícil descrever a mente iluminada em palavras, mas ela é livre de pensamentos e parece silenciosa, tranquila, transparente, livre, viva, leve, ilimitada e indestrutível. Ela existe em sua plenitude, não apenas dentro do corpo, mas também no universo exterior, como uma consciência contínua e única. Ela também tem a qualidade do conhecimento. Toda vez que sabemos alguma coisa, é com essa qualidade da mente iluminada; mas não se trata de algo místico ou fora deste mundo. A mente iluminada existe tão perto de nós que a deixamos passar despercebida e não a vemos durante a vida toda. Como um céu limpo, que permite a existência de nuvens, relâmpagos e chuva; como o silêncio, que se torna o pano de fundo de qualquer música e ruído; como um espelho, que reflete com perfeição tudo no mundo; como uma mãe amorosa, que sempre vigia o filho, a mente iluminada existe para todos o tempo todo, inclusive agora.

Depois dessa série de experiências, minha vida mudou inesperadamente. De alguma forma, comecei a me tornar conhecido na Coreia do Sul por causa das coisas que escrevo. Havia muitas áreas em que eu ainda tinha muito o que aprender e, com as pessoas me procurando e me pedindo que lhes ensinasse sobre budismo, fiquei envergonhado. Decidi aprofundar a minha meditação antes que fosse tarde demais e fui para o mosteiro Bongam. Fiquei feliz por estar de volta e passar algum tempo com meus irmãos e o mestre zen Jeokmyeong, que dedicara a vida inteira ao estudo e à meditação.

O mestre Jeokmyeong me disse: "Mesmo que você chegue apenas ao primeiro estágio do caminho bodhisattva, já terá sabedoria suficiente para compreender a maioria dos textos budistas sem problema. Mas a razão por que precisa cultivar outros nove estágios e alcançar o décimo é que existe uma lacuna entre o que você sabe e a forma como age. Apenas quando as pessoas do dia a dia, nas ruas, virem suas ações compassivas e sábias e disserem 'Você é como um Buda de carne e osso!', você poderá acreditar que preencheu essa lacuna."

A COISA MAIS DIFÍCIL no mundo é colocar em prática o que você sabe e se assegurar de que as suas ações não contradigam as suas palavras. Olhando para mim mesmo, a lacuna entre as duas coisas ainda parece bastante grande. Mas não importam as circunstâncias em que eu me encontre, quero permanecer consciente e continuar a cultivar um coração compassivo. Embora isso possa demorar muito tempo, estou decidido a diminuir essa lacuna o máximo possível nesta vida. No momento em que estou escrevendo estas linhas, o aniversário do Buda está a apenas uma semana de distância, e as lanternas coloridas penduradas pelas ruas de Seul continuam tão lindas quanto eram na época em que eu ainda estava no colégio.

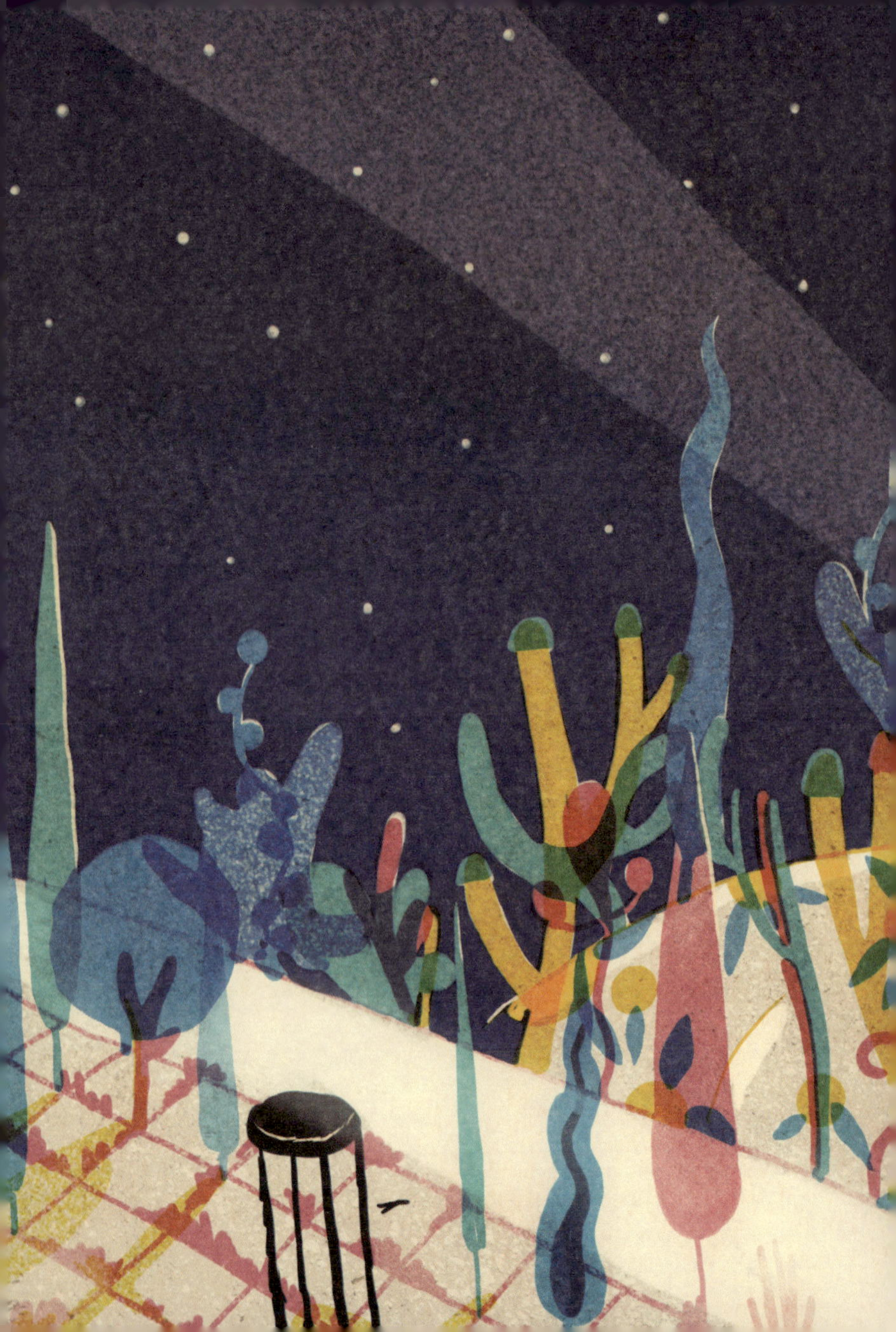

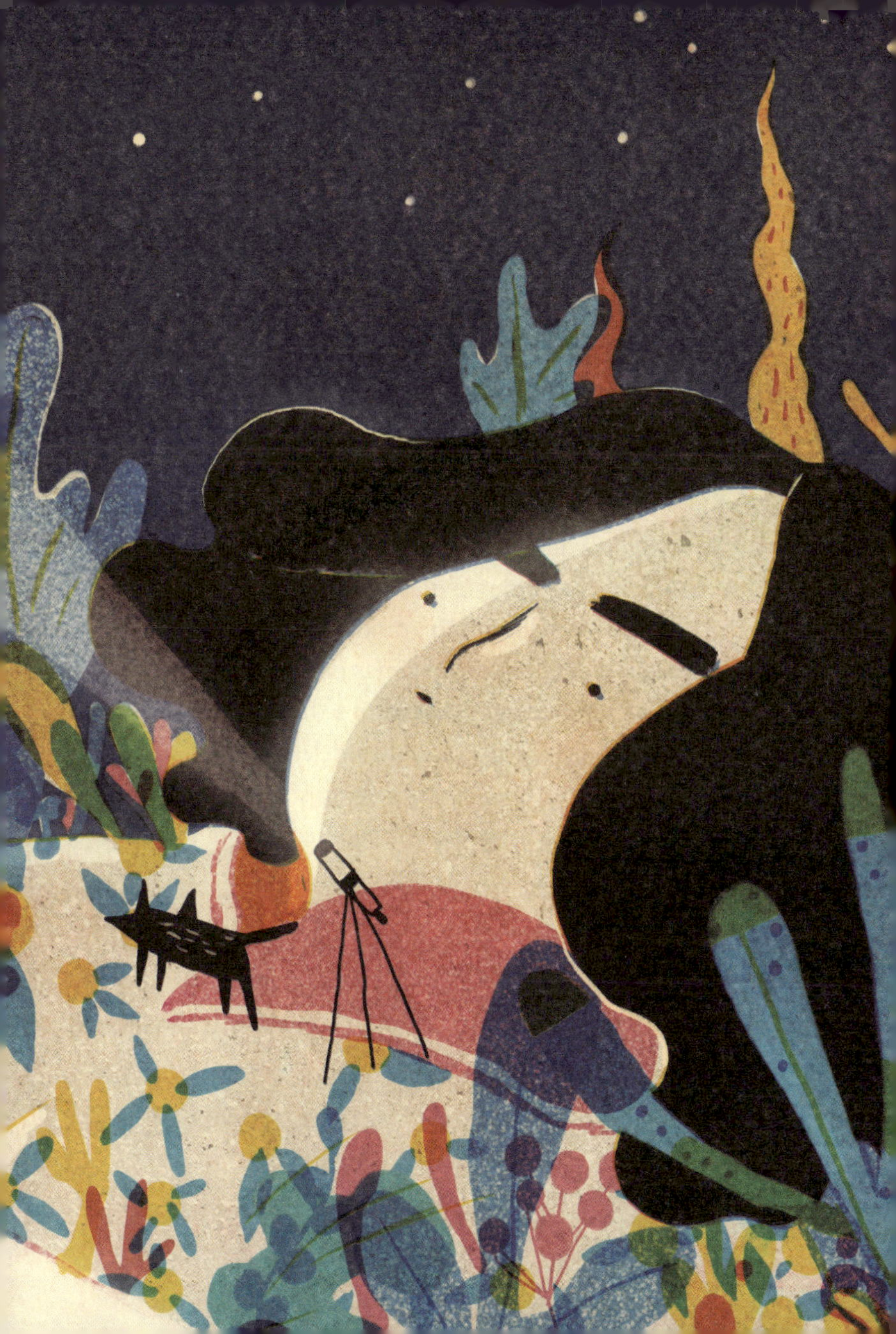

✹

Seu corpo está mais velho,
mas a sua mente não se sente assim.
Isso porque a mente não conhece idade.
Ela existe no eterno agora.

✹

Em comparação com o universo ilimitado,
a sua mente se sente pequena, trancada dentro do corpo?
A verdade é que ela não está trancada aí dentro.
A razão por que a mente pode conhecer o universo
é o fato de ela ser tão grande quanto ele.
E se a sua mente existisse apenas dentro do corpo,
o seu conhecimento deveria se limitar ao
que acontece dentro dele.
Mas você conhece coisas fora do seu corpo.
Onde quer que o conhecimento aconteça, a sua mente
estará lá também.

✹

A mente consciente
e o espaço em que o conhecimento acontece
são um e o mesmo.

✹

Quando chove e faz frio lá fora,
é natural buscarmos nossa casa quentinha e aconchegante.
Quando somos afligidos por dificuldades,
é natural nos tornarmos mais atentos e conscientes.
Quando as coisas estão indo bem, não meditamos muito.
As dificuldades são bênçãos disfarçadas para
estimular a consciência.

✳

A atenção plena não é algo
que precisa ser feito num lugar especial.
Aquele ponto desconfortável onde
a sua mente entra em atrito com o mundo
é o melhor lugar para praticar a atenção plena.

✳

Não há melhores professores do que as pessoas
de quem você não gosta,
pois elas o fazem examinar a própria mente
com mais profundidade.
Como o mestre zen Seongcheol disse:
"A maior oportunidade de aprendizado é quando
você recebe a culpa por algo que não cometeu."

✳

Superar as feridas ou os traumas do passado
apenas por meio da prática espiritual não é fácil.
Exercícios físicos – como caminhadas, natação ou yoga –
combinados com auxílio psicológico
podem ser mais efetivos do que apenas
a prática espiritual.
Se você partir direto para a meditação
sem tratar as feridas psicológicas antes,
a memória do sofrimento
pode ser um obstáculo ao seu progresso.

✸

Não sobrecarregue seu corpo ou sua mente na
expectativa de
acelerar o progresso da meditação.
Durma o suficiente, tenha uma dieta balanceada, faça
exercícios regularmente.
Evite forçar seu corpo a ficar sentado por muito tempo.
O seu progresso será mais rápido quando corpo e mente
estiverem equilibrados e tranquilos.

✸

Você faz grandes esforços para alcançar a iluminação,
apenas para se dar conta de que ela sempre
esteve à mão desde o início.
Você tenta a todo custo conquistar o amor de Deus,
apenas para se dar conta de que nunca houve
um momento sequer em que Deus não tenha amado você.

✷

Quando nos iluminamos,
percebemos que o universo inteiro também é iluminado.
O Buda ajuda os seres sencientes em todo lugar,
enquanto sabe perfeitamente bem que
todo mundo é Buda e tudo está na mente dele.

✷

As portas para a mente iluminada são alcançadas através
dos seguintes meios:
amor, silêncio, aceitação, o momento presente,
a sensação de vivacidade, a consciência aberta,
a mente livre de pensamento, entrega completa.

✷

Tornar-se iluminado não significa
que você imediatamente se torne perfeito.
Mesmo após alcançar a iluminação,
você deve trabalhar para alinhar sua nova consciência
com suas ações, em especial nos
relacionamentos humanos.
Aprenda todo o conhecimento cotidiano no mundo,
contudo use-o para um propósito mais elevado.
A iluminação não é o fim, mas o começo.

※

O mestre verdadeiramente iluminado não pede
exclusividade aos alunos
que o seguem.
Se há outros grandes mestres,
ele encoraja os alunos a aprenderem com eles também.
Sua principal preocupação é o crescimento
espiritual dos discípulos,
não a preservação do seu poder.
Se o mestre é cultuado como um deus
e ele parece gostar disso, tenha cuidado.

※

Se houver apenas inteligência e nenhuma sensibilidade,
você não vai saber ter empatia
quando estiver diante do sofrimento de alguém.
Se houver apenas sensibilidade e
nenhuma espiritualidade,
você poderá perder a esperança e cair no desespero
quando estiver diante do seu próprio sofrimento.
Se houver apenas espiritualidade e
nenhuma inteligência,
você poderá se juntar a uma seita e vir a sofrer.

※

Não se deixe levar facilmente por alguém
que anuncia a própria iluminação.
Iluminação é a ausência de "eu".
De acordo com o *Sutra do coração*,
você está liberado quando se dá conta
de que não há nada a ser alcançado.
Portanto, quem é esse "eu" que alcança a iluminação?

※

"Falando estritamente, não há pessoas iluminadas,
há apenas atitudes iluminadas."
– Mestre zen Shunryu Suzuki

※

De acordo com os ensinamentos de um mestre zen
da dinastia Song:
"Quando neva, três tipos de monges podem ser
vistos no templo.
O primeiro tipo vai para o salão de meditação e se senta.
O segundo tipo debate a natureza da iluminação.
O terceiro tipo papeia sobre as refeições do dia.
Quem sou eu, que gosto de todos os três?"

✳

Quando você sente: "Hoje não estou a fim de fazer nada",
toda a sua atenção plena vai para o lixo.
Tenha cuidado para não sucumbir à inércia.

✳

Há um modo de saber se você precisa
continuar com a sua prática de meditação ou não.
Ainda existe alguma coisa que gostaria de
perguntar a um professor?
Se existe, então você ainda precisa continuar
um pouco mais.

✳

Ser iluminado em relação à sua verdadeira
natureza significa
experimentar em primeira mão o que você já
sabe há muito tempo,
mas ainda não conseguiu experimentar.
Ainda temos que alcançar a iluminação
não por não conhecermos o caminho,
mas porque ainda não experimentamos
o que já sabemos.
No dia em que se iluminar,
você vai entender por que os grandes mestres
disseram o que disseram.

✳

"Quando a mente está em repouso,
eu vejo a lua nascendo e o vento soprando
com delicadeza.
Então percebo que o mundo não é necessariamente
um oceano de sofrimento."

– O CAIGENTAN

Capítulo Oito

ACEITAÇÃO

Se você está triste, tudo bem
admitir que está.
Se tem uma dor que o deixa perdido,
tudo bem falar sobre ela.
A razão por que você tem dificuldades
é o fato de ser incapaz de aceitar
as coisas que não podem ser mudadas.
Deixe que sejam como são e veja o
que acontece.

A ARTE DE DEIXAR PARA LÁ

"Deixe para lá" é um conselho que costumamos escutar, mas é difícil aprender a colocá-lo em prática. Conheci muitas pessoas cuja angústia se deve a sua incapacidade de superar contratempos ou abrir mão de sonhos impossíveis. Por exemplo, se alguém nos irrita, queremos esquecer o incidente o mais rápido que conseguimos e seguir em frente. Mas, apesar de tentarmos deixar para lá, acabamos relembrando e ficando aborrecidos outra vez. Também há ocasiões em que estamos prestes a alcançar um grande objetivo para o qual estivemos trabalhando, mas acabamos fracassando no último obstáculo. E quando tentamos identificar um novo alvo, as lembranças, os arrependimentos e as frustrações voltam para nos atormentar, impedindo-nos de nos concentrar em qualquer coisa.

"Deixe para lá", na verdade, é outra maneira de dizer "Aceite completamente". Isso não quer dizer que a lembrança dolorosa vá de alguma forma desaparecer. Podemos tentar apagar o passado como apagamos o giz num quadro-negro, mas a verdade é que isso não é possível. E quanto mais lutamos para esquecer, mais força atribuímos à lembrança e nos apegamos a ela. Contudo, há algo muito importante a se lembrar: o que nos causa tanta angústia não é a lembrança em si, mas as emoções que a cercam – como arrependimento, decepção, raiva e frustração.

Embora isso possa parecer sutil, é essencial distinguir a lembrança das emoções. Uma situação decepcionante ou dolorosa de dez anos atrás não nos causa hoje a mesma angústia que causou na época. Isso porque as emoções ao redor da lembrança se dispersaram ou diminuíram. A lembrança em si não é o problema – ela ainda está aí; são as emoções conectadas a ela que são o problema. Então, não há necessidade de reprimir a lembrança ou tentar se livrar dela – o que, em todo caso, é praticamente impossível.

Então, o que devemos fazer quando queremos deixar alguma coisa para lá? A resposta é aceitar a nós mesmos como somos. Ao aceitarmos nosso eu que está em dificuldade, nosso estado de espírito passa por uma mudança que será sutil à primeira vista. Quando vemos as emoções difíceis como um problema e tentamos superá-las, só sofremos mais. Em contrapartida, quando as aceitamos, por mais estranho que pareça, nossa mente para de se debater e fica subitamente tranquila. E quando isso acontece, torna-se possível deixar nossas emoções para trás e olhá-las de fora, com carinho. Em vez de tentar mudar ou controlar as emoções difíceis dentro de você, permita que elas estejam aí, e sua mente vai descansar. Quando isso ocorre, você pode se desapegar com mais facilidade e olhar suas emoções com calma, como se elas pertencessem a outra pessoa.

Quando a mente está tranquila e olhamos nossas emoções de fora, algo inesperado acontece: sentimos a presença amorosa de nosso silêncio interior observando essas emoções sem perder a compostura. Se você é religioso, o silêncio interior pode parecer a presença de Deus ou outro ser transcendental. Pensávamos que estávamos sofrendo sozinhos no mundo, mas, na imobilidade, sentimos "aquele" que está sempre conosco, que olha a nossa mente com compaixão. Quando as coisas se tornam especialmente difíceis, alguns de nós ao que parece chegam a ouvir palavras vindo do silêncio ou de Deus, dizendo: "As coisas estão muito difíceis para você agora, mas você vai ficar bem, não importa o que aconteça."

Quando chegamos a esse ponto, podemos sentir certa distância entre nossas emoções difíceis e nós mesmos, e deixamos de nos identificar com elas. Então podemos permitir que existam, já que não nos incomodam tanto. Antes, elas eram esmagadoras, porque sentíamos que ocupavam todo o espaço nos pequenos confins da mente. Mas então os muros desmoronaram, e essas mesmas emoções agora estão num espaço acolhedor, tranquilo e aberto, onde podemos vê-las claramente. Apesar de não terem desaparecido, elas não parecem mais um problema tão grande. Você não as evitou nem alterou, mas com a aceitação gradual vem a paz.

Durante as ocasiões na sua vida em que a incapacidade de deixar alguma coisa para lá lhe causar angústia, por favor, não tente lutar. Em vez disso, permita que ela esteja aí, e observe-a em silêncio. Logo sua mente vai se acalmar e se expandir, tornando mais fácil viver com seus sentimentos negativos. Então você poderá até ver o olhar compassivo dentro de si que observa sua ferida interior com amor. Quando isso acontecer, sua mente vai perceber que você não é a ferida, mas o profundo silêncio que a conhece.

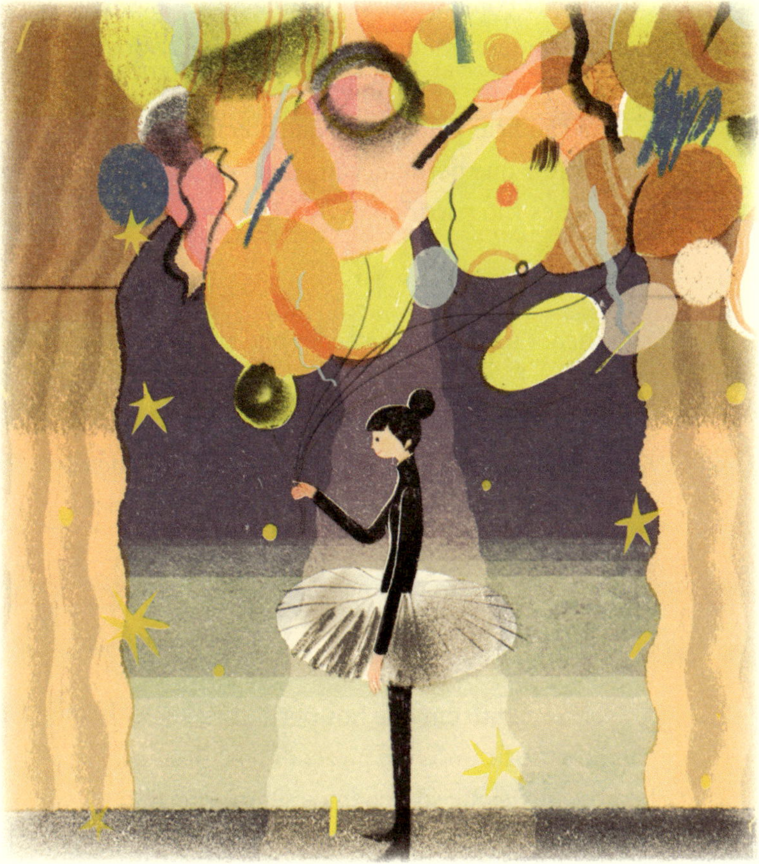

✳

Quando se sentir mal, não lute contra o sentimento.
Se lutar para controlá-lo, você pode torná-lo pior.
Por mais intensamente que queira se livrar dos
seus sentimentos,
eles vão ficar pelo tempo que precisarem.
Ao permitir que permaneçam aí em observação,
eles vão partir antes do esperado.

✳

Emoções são como hóspedes que aparecem
sem ser convidados.
Eles vêm quando querem
e vão embora quando você reconhece sua presença.
Embora as emoções tenham origem dentro de você,
não suponha que elas lhe pertencem.
É por isso que elas raramente lhe dão ouvidos.

✳

No momento em que nos permitimos ser,
finalmente ficamos em paz com nós mesmos.
Lembre-se de que só podemos ser nós mesmos.
Quando nos aceitamos,
os outros começam a nos aceitar também.

✳

Se você aceitar completamente sua emoção difícil,
seja solidão, raiva, tristeza ou frustração,
vai tirar forças dessa aceitação.
Depois de reconhecer a verdade da situação,
uma nova sabedoria e uma nova coragem
vão se manifestar,
e então você poderá enfrentar a próxima etapa.

✳

Você não pode abrir mão da sua obsessão
apenas pensando: "Eu preciso largar isso."
Apenas quando entender que a obsessão
no fim das contas
traz sofrimento, você conseguirá largá-la.
Você estava se apressando para lamber mel do
fio de uma lâmina.

✳

Se você insiste para alguém mudar a própria vida,
pode ser por não estar feliz com a sua.

✳

Você costuma falar para a pessoa que ama:
"Se você me ama, será que pode mudar por mim?"?
Isso não é amor.
A verdadeira face do amor é aceitação e liberdade,
não restrição e controle.

✳

Se você costuma ter que negar a si mesmo o que quer,
pode acabar negando os desejos dos outros sem querer,
achando que as pessoas devem levar a vida
como você leva a sua.
Se você parar de negar a si mesmo,
será mais fácil aceitar os outros como são.

✳

Até você começar a pensar que uma coisa
era um problema,
ela não o incomodava muito, não é?
Rotular algo como um problema geralmente
é o que o cria.

✳

Há pessoas que dizem:
"Eles são o problema, não eu.
Por que ficam me mandando mudar?"
Mas pense sobre isso um momento.
Se você perguntasse a elas qual é o problema,
o que responderiam?
Elas não diriam também que não são elas, mas você?
Se ninguém recuar,
vocês não vão chegar a lugar nenhum.
E é muito mais rápido mudar o próprio comportamento
que convencer os outros a mudar o deles.
Se você ceder um pouquinho, eles provavelmente
vão ceder também.

✳

Quando estiver chateado, lembre-se das
palavras de Dale Carnegie:
"Não vamos nos permitir nos chatear
por coisas pequenas que deveríamos
desprezar e esquecer."
Quando alguém chatear você,
lembre-se de algo que o chateou um ano atrás.
Isso ainda o chateia?
Quase nem dá para lembrar direito, não é?

✳

Há ocasiões na vida em que só queremos desistir.
Mesmo que seja difícil, fique firme.
Quando sentir que não pode suportar mais nada,
seja paciente só mais um pouquinho.
Se jogar a toalha,
tudo que construiu se perderá
e você vai se arrepender para sempre.
Perseverar mesmo quando as coisas estão difíceis
revela o seu verdadeiro caráter.

✳

Em muitas coisas da vida, o bom está
misturado com o ruim.
Se jogar tudo fora
porque não gosta da parte ruim,
você também vai jogar fora muito do que é bom.

✳

Quando alguém é elogiado demais,
dois segundos depois, as críticas começam.

✳

Por mais felizes ou saudáveis que consigamos ser,
parece que nada pode ser perfeito.
Se ganhamos dinheiro,
discutimos com a família por causa dele.
Se alcançamos uma posição de poder,
nossos amigos tentam tirar vantagem.
Se somos bem-sucedidos no trabalho,
logo arranjamos inimigos, com inveja do nosso sucesso.
Aprenda a aceitar que é assim que o mundo funciona.

✳

Quando o vento do inverno sopra e a
temperatura despenca,
sair de casa se torna desagradável.
Mas o mesmo vento de inverno
torna o ar puro e límpido.
Justo as coisas que, de início, parecem ruins
contêm algo de bom se as olharmos de perto.

✳

"O segredo de uma vida feliz
não é correr atrás de um emprego melhor,
mas aprender a apreciar o emprego que você tem."
– Hyegwang Sunim

✳

Primeiro as pessoas tentam alcançar o sucesso
como o mundo o define,
mas, à medida que envelhecem,
elas começam a ampliar sua ideia de sucesso.
É da lei da natureza que o que sobe precisa descer,
então pouco a pouco as pessoas desviam o olhar
do sucesso mundano para a felicidade
de aprender, de fazer trabalho voluntário, de ter amizades
e de ter uma prática espiritual.

✳

Mesmo que tenha tudo o que sempre quis,
você não vai ser feliz se estiver sempre se esforçando
para ter mais e melhor.
A felicidade vem quando nosso coração está
tranquilo e satisfeito
e quando aprendemos a apreciar o que já temos.

✺

Quando você finalmente alcança algo que quis
durante muito tempo,
parece que será feliz para sempre.
Mas não é assim que as coisas são.
Depois de ficar feliz e orgulhoso por um período,
ondas de melancolia começam a chegar
e o sucesso dá lugar a reações negativas que você
nunca previu.
Em vez de adiar a sua felicidade até alcançar
seu objetivo,
viva um pouco e aproveite o momento.
A vida está passando enquanto você espera.

Não nos tornamos sábios pensando mais.
Quando nossa mente relaxa e se abre,
de repente temos uma nova ideia brilhante.
Confie na sabedoria que existe no silêncio
e descanse um pouco sua mente ativa.

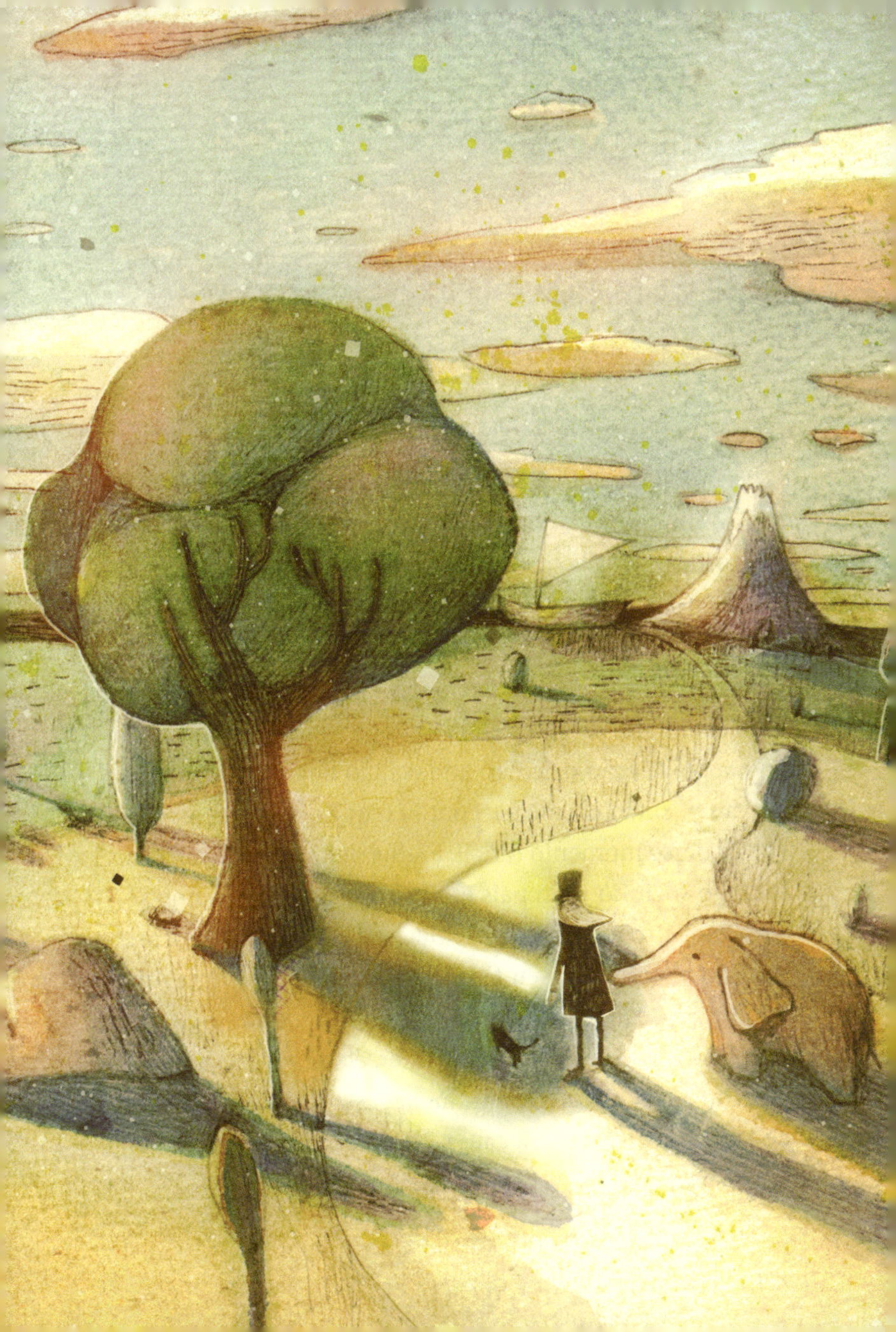

LIÇÕES DE UM MOMENTO DIFÍCIL NA VIDA

No início do ano passado fui contactado por Shin-soo Choo, um jogador da liga profissional de beisebol, do Texas Rangers. Ele havia lido meu primeiro livro, *As coisas que você só vê quando desacelera*, e queria me conhecer. Desde então, criamos um vínculo próximo, trocando mensagens ocasionais e telefonemas. Quando ele jogava em Nova York, às vezes eu ia ao jogo torcer por ele. Este ano, a pontuação dele não andava tão boa quanto costumava ser, então ele me perguntou o que poderia fazer para sair desse momento difícil. Fiquei preocupado com ele, lutando sozinho num país estrangeiro como eu, como se fosse um irmão mais novo. Ele estava sob uma enorme pressão para ajudar seu time a ganhar jogos e conseguir cumprir as expectativas dos torcedores. Quando eu lhe falei o que poderia considerar fazer, ele disse que já havia tentado tudo, inclusive minha sugestão, mas não tinha conseguido encontrar a causa exata de sua má fase. Tudo isso estava sendo um peso para ele.

Todos nós vamos passar por algo semelhante na vida – uma situação em que nada parece melhorar, apesar dos nossos melhores esforços. Recentemente eu mesmo vivi uma experiência desse tipo, relacionada à minha saúde. Depois de ter uma gripe forte no inverno anterior, a maior parte dos sintomas desapareceu, mas uma dor de garganta perdurou. Fiz gargarejos com água salgada e tomei vários medicamentos receitados pelo meu médico, inclusive antibióticos, mas nada pareceu ajudar. Depois de vários meses, cheguei a fazer uma tomografia e sessões de acupuntura, mas a dor não passou e ninguém sabia dizer com exatidão por quê.

Muitas pessoas que me mandam perguntas pelas redes sociais ou que falam comigo após palestras encontram-se em circunstâncias semelhantes. Quando as suas notas não melhoram apesar de você estudar muito; quando você passou meses dedicando todos os seus esforços ao seu negócio, mas ele não decola; quando você tentou de tudo para melhorar seus relacionamentos em casa e no trabalho e nada muda; quando já fez tudo que o médico recomendou, mas sua doença persiste – nessas horas, é inevitável ficar frustrado e deprimido.

Podemos tentar ir à igreja, ao templo, à mesquita ou à sinagoga rezar, pedindo ajuda e conselhos, mas isso não resulta na solução rápida que estamos procurando. Quando conselhos como "Apenas dê o seu melhor que as coisas vão ficar bem" já não nos trazem consolo, o que fazer?

Primeiro, precisamos dar um passo atrás e encontrar uma perspectiva mais ampla. Às vezes o mar está revolto, às vezes calmo. Há dias em que o sol brilha e dias de temporal. Por que consideramos que o bom tempo é a norma que o mau tempo interrompe? Por que o sol deveria brilhar sempre? O trecho acidentado em que você está agora é parte de uma estrada maior; precisamos aprender a aceitar tanto as situações difíceis quanto as tranquilas e ver ambas como partes iguais da vida. Quando temos uma visão mais ampla, a dificuldade do presente pode ser vista como o ponto baixo de uma onda, que está ganhando a energia de que necessita para se elevar outra vez. É graças a circunstâncias desse tipo que, quando estamos na crista da onda, somos capazes de ser humildes, e não arrogantes, e de ter a sabedoria de não nos deixar levar.

Também é importante tornar os contratempos uma oportunidade para cultivar a compaixão. Quando a vida está indo bem, é fácil dar crédito a nossos esforços e talentos. Quando vemos pessoas que não estão indo tão bem no trabalho ou nos relacionamentos, é natural supormos que isso ocorre, ao menos em parte, por culpa delas mesmas. Se seus relacionamentos não vão bem, pensamos que elas devem ter alguma falha de caráter; se não ganham uma promoção, é fácil pensar que é porque não trabalharam duro o suficiente.

Mas o mundo é como uma grande teia, onde tudo está conectado a todo o resto, não importa quão longe uma coisa esteja da outra. Então como algo poderia se dever apenas aos defeitos de uma pessoa? Não é admissível que alguns problemas não possam ser resolvidos mesmo com o máximo de determinação? Que a situação ou a história de alguém torne as coisas inerentemente mais difíceis para essa pessoa do que para as outras? A sua vontade não é o suficiente para modificar as circunstâncias. Não é possível que os esforços dos outros não tenham sido menores do que os seus e que eles também não tenham conseguido solucionar os próprios problemas? Tente transformar a sua má fase numa oportunidade de ser mais compassivo em relação a outras pessoas que também estão passando por dificuldades.

Por fim, saiba que seus esforços contínuos e acumulados mais cedo ou mais tarde vão ajudá-lo a melhorar as circunstâncias. O arremessador Park Chan Ho, o primeiro jogador da liga profissional de beisebol nascido na Coreia, certa vez me disse uma coisa que resume bem essa ideia: esteja você numa fase boa ou ruim, estejam os torcedores comemorando ou lamentando, a única coisa que você consegue controlar é a bola que está prestes a lançar. E apesar de nenhuma bola, individualmente, poder fazer muita coisa, tomadas em conjunto, todas as que você arremessa são o suficiente para promover uma grande mudança.

Os seus esforços, por menores que sejam, nunca são em vão. Mesmo a pior tempestade acaba passando. Se segurar firme e não desistir, você poderá ver o sol sair de novo. Agora mesmo, enquanto estou escrevendo este livro, fico sabendo que Shin-soo Choo está numa sequência de vitórias. Todos nós podemos conseguir!

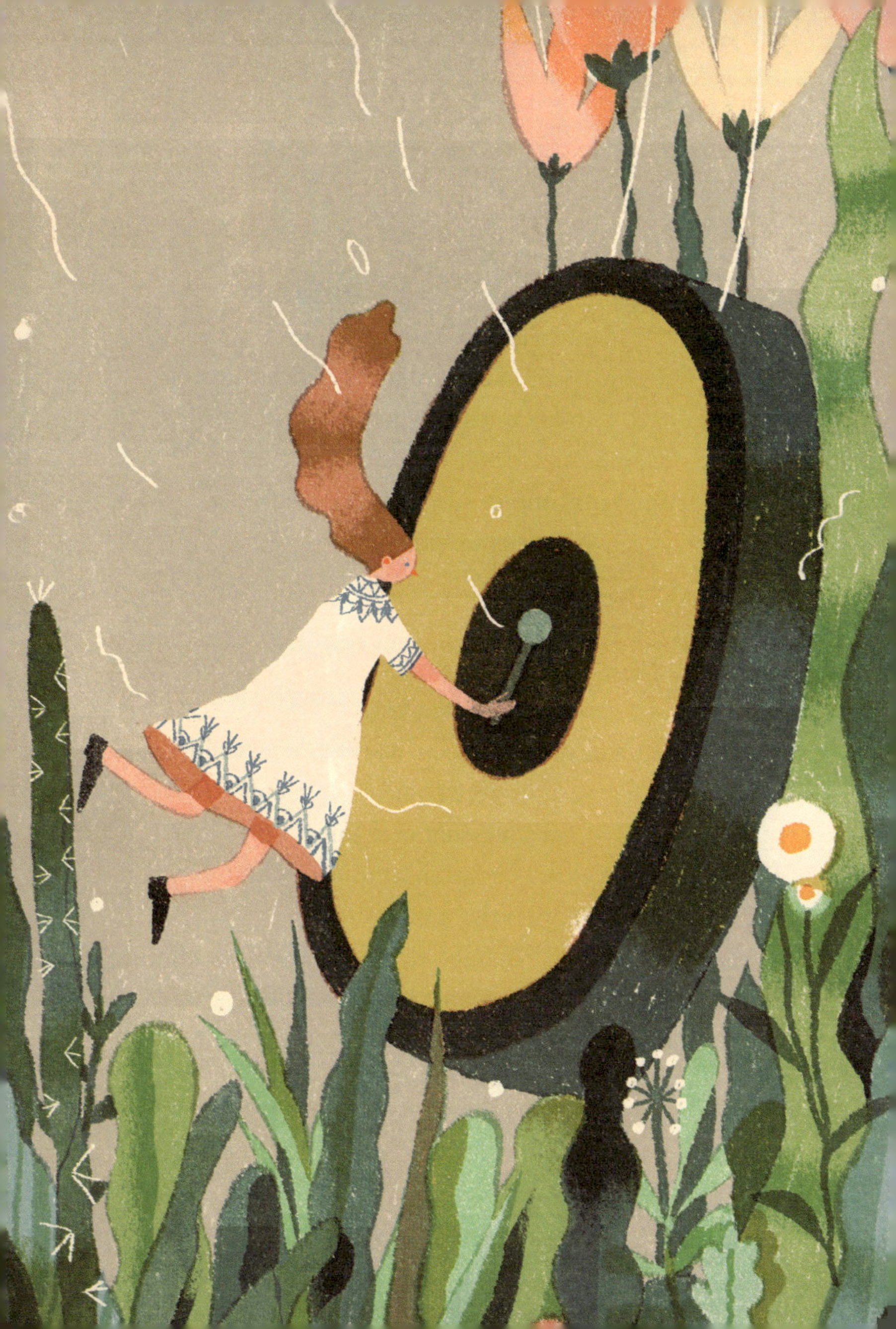

✳

No tecido da vida,
elogios e críticas, prazer e dor,
ganhos e perdas, alegria e tristeza
são entrelaçados numa só trama.
Mesmo quando enfrentamos críticas ou
passamos por perdas,
devemos nos tornar conscientes e aceitar
com o máximo de humildade e elegância
que conseguirmos.

✳

Mesmo que pareça que a noite vai se
estender para sempre,
a certa altura os dias começam a se tornar mais longos.
Mesmo que pareça que o sofrimento
vai continuar sem fim,
a certa altura ele vai diminuir ou vamos
aprender a aceitá-lo.
Enquanto isso não acontecer, vamos aprender uma
valiosa lição com esse sofrimento.
Nada neste mundo dura para sempre, nem
mesmo nossa dor.

✳

Se a vida fosse livre de adversidades,
não teríamos muitas oportunidades de crescer.
É no esforço para solucionar os desafios que
a vida nos lança
que nossos talentos são aperfeiçoados e nossa
resistência se constrói.

✳

Dificuldades na jornada
nos levam a reexaminar nossa vida
e a pensar naqueles que passam por
experiências semelhantes,
e por isso se tornam uma base para
cultivarmos a compaixão.
Que as dificuldades pelas quais você está passando agora
lhe tragam compaixão e sabedoria!

✳

"Mesmo se alguém que ajudei no passado
ou de quem esperava muito me causar um grande mal,
que eu possa considerá-lo meu maior professor."
– Sua santidade o Dalai Lama

✳

Quando vistos de perto,
todos nós somos cheios de problemas e inconsistências.
Nossas ações com frequência contradizem
nossas palavras.
Dependendo da pessoa com quem estejamos falando,
mudamos nossa história ou professamos
valores diferentes.
Somos legais com desconhecidos, mas não
com a nossa família.
O primeiro passo para a maturidade é nos tornarmos
conscientes – através da introspecção –
dos nossos próprios defeitos.

*

A maturidade espiritual
envolve enfrentar as partes mais desagradáveis
de nós mesmos
e reconhecer a existência delas.
Depois de aceitar as partes egoístas,
gananciosas e mesmo violentas de si mesmo,
você será capaz de entender os outros
e perdoar suas falhas.

*

Quanto mais amadurecemos,
mais vemos quanto os outros contribuíram
para aqueles sucessos que chamávamos de nossos.
Quando nos dermos conta de quanto
devemos aos outros
e expressarmos nossa profunda e sincera gratidão,
os sucessos seguintes virão.

✳

A maneira de evitar que nos tornemos servis
diante de outros
que tenham poder, fama ou dinheiro
é estarmos felizes com a nossa vida.
Se não houver nada que precisemos dessas pessoas,
podemos ser confiantes e dignos com qualquer
um que conheçamos.
Quando queremos algo delas, nos tornamos servis.

✳

O oposto da ganância não é a abstinência,
mas saber estar satisfeito.

✳

A voz que o critica e repreende
é muito mais alta do que a que o encoraja.
Quando os tempos estão difíceis,
essa voz que o encoraja pode ficar abafada.
Mas continue a escutar.
Depois que seus críticos seguirem em frente e passarem
a criticar outra pessoa,
você vai começar a ouvir aqueles que ficaram para trás
encorajando-o regularmente.

✳

Se há nove coisas boas e uma coisa ruim na nossa vida,
gastamos mais energia nos concentrando na
única coisa ruim
do que em todas as boas.
Esse é um hábito deixado pelos tempos primitivos,
quando nossos ancestrais precisavam estar
constantemente à procura de perigo.
Ao se flagrar focando no que há de ruim,
diga a si mesmo:
"Não estamos mais na pré-história.
Preocupe-se com as coisas quando elas
acontecerem, não antes."

✳

Um dos nossos temores mais profundos
é o de que, quando nos mostrarmos como somos,
sejamos rejeitados.
Achamos difícil abrir a porta do nosso coração
mesmo para os amigos mais íntimos.
Como carregamos esse fardo sozinhos,
ele só pode nos puxar para baixo.
Quando alguém abrir a porta do coração
e se mostrar como é,
não julgue; aceite-o calorosamente.
Nenhum de nós é perfeito.

✳

A menos que haja uma emergência real,
motoristas no banco de trás devem ficar calados.
Todo mundo tem a própria maneira de dirigir.
Se você deixar a direção a cargo do motorista
e falar sobre algo interessante
até chegar ao destino,
todo mundo ficará feliz!

✳

As pessoas costumam pensar
que a maneira delas de fazer as coisas é a certa.
Se veem algo sendo feito de uma forma diferente da delas,
se intrometem para dizer aos outros que estão
fazendo errado.
Só que o jeito das outras pessoas não é errado,
mas apenas desconhecido para você.
Tente fazer algo de um modo diferente do seu.
Um novo mundo vai se abrir para você.

※

Quando uma pessoa o irritar,
reconheça que você está irritado porque
ela não fez alguma coisa do jeito que você queria.
Ela pode ter as próprias razões para fazer da
maneira dela,
e você não deve desprezá-las nem tentar
substituir pelas suas.
Se pensar na situação pela perspectiva dela,
verá que é você quem está causando o problema.

※

Nós sofremos quando adiamos
as coisas que precisávamos terminar hoje.
Escolha um momento específico do dia de hoje
para fazer o que quer que esteja adiando.
E quando esse momento chegar,
não arrume desculpas, não se distraia:
apenas faça.

※

Se não estiver certo sobre fazer ou não fazer
alguma coisa,
pergunte a si mesmo se isso será um peso
caso não faça.
Se for, o melhor é fazer.
De outra maneira, você vai gastar mais tempo
angustiado pensando em desculpas.

※

Se encontro um livro que quero ler,
simplesmente o compro.
Não preciso lê-lo de imediato;
se ele estiver na minha estante,
alguma hora vou conseguir lê-lo.
Mesmo que seja um tijolo de romance
ou uma obra complexa de filosofia,
chegará o momento em que poderei apreciá-lo.

*

Pedir abruptamente para um monge lhe dar
uma lição de meditação
é como pedir a um comediante que o faça rir ali mesmo.
No entanto, devo aceitar esses pedidos
e já tenho preparadas várias lições curtas
para ocasiões assim.

*

"Quando as flores murcham,
quando o sol se põe,
quando a vida de uma pessoa termina,
mesmo em nossa profunda tristeza,
aprendemos a sabedoria
de entender e aceitar a vida
e aprendemos a ter a humildade
de perdoar os outros e a nós mesmos."
– Irmã Claudia Lee Hae-in, de *Uma pequena prece*

*